Hans Liepmann

Schon meine Ahnen jagten

Hans Liepmann

Schon meine Ahnen jagten...

Jagderzählungen

Mit Illustrationen
nach Gemälden
von Hannes Liederley

Landbuch

Umschlagbild und Illustrationen im Innenteil: Hannes Liederley

---

Landbuch-Verlag GmbH, Hannover, 1989

Lektorat: Ralf Becker, Hannover
Satz, Druck und buchbinderische Verarbeitung
Landbuch-Verlag GmbH, Hannover

ISBN 3 7842 0405 8

Inhalt

. . . und der alte Esel . . .

Der „Lahme Zerahn“ fand beim Pilzesuchen das Auto mit der toten Frau.

An den Zwei Linden, einer in der ganzen Gegend bekannten Geländemarke, zweigte vom Kohleweg eine Schneise ab, die in gemächlichen Windungen durch den Gemeindewald nah Altenstralau führte. An ihr entlang standen in jedem Herbst die besten Maronen und Steinpilze. Da es in der vorausgegangenen Samstagnacht geregnet hatte, war Zerahn schon im Hellwerden hinausgegangen, damit ihm die leidigen Städter, die zur Frühstückszeit mit ihren scheußlichen Kunststofftüten angefahren kommen würden, nicht die besten wegschnappten. Schon am ersten Wegknick leuchteten die kastanienbraunen Hüte von zwei Maronen, die wie so oft als Pärchen gewachsen waren. Zerahn schnitt sie ab und vergewisserte sich mit einem zufriedenen Blick, daß die Stiele nicht den geringsten Madengang aufwiesen. Manchmal mußte man im September die meisten Pilze fortwerfen, manchmal waren sie tadellos; es lag halt am Wetter.

Der mittelgroße, schlichtgraue Wagen stand hinter einem Fichtenhorst. „Überall müssen sie hinfahren“, knurrte der alte Mann ärgerlich. „Noch zwanzig Schritt weiter, dann wäre die Karre steckengeblieben. Durch die springige Stelle kommt keiner durch, keiner.“

Im Auto saß eine junge Frau. Eigentlich saß sie nicht. Sonderbar kraftlos ruhte der Körper im Polster. Der Kopf hing schlaff zur Seite, hing, wenn man es richtig betrachtete, wenig bequem, unnatürlich, ja geradezu erschreckend nach rechts hinten. „Guten Morgen!“ sagte Zerahn, als er neben dem Auto stand. Das Fenster war halb heruntergekurbelt. Da keine Antwort erfolgte, sagte er noch einmal etwas lauter: „Guten Morgen! Noch nicht ausgeschlafen?“ Keine Antwort. Stille. Nur einer der seltenen, wohl aus dem Osten zugeflogenen Tannenhäher ließ seinen hölzernen Ruf erschallen, während er von einer der sanft geschwungenen Hügelketten über das Tal hinweg zur gegenüberliegenden flatterte. Zerahns Unterkiefer begann zu mahlen. Immer wenn er erregt war, fing er mit seinen schon ziemlich schadhaften Zähnen an zu kauen, als gälte es, einen harten Brocken zu zerkleinern. „Schläft ja ziemlich fest, das Weibstück“, murmelte er vor sich hin. Der Ausdruck war übrigens in seiner Grobheit fehl am Platze. Die junge Frau sah in ihrem bestimmt nicht billigen Kamelhaarmantel untadelig elegant aus, und das schulterlange blonde Haar, das unter der etwas schief gerutschten Kappe hervorsah, wirkte gepflegt. Zur Wegseite hin verbarg es die Gesichtszüge.

„Mal sehen . . .“, gab sich Zerahn sozusagen selbst einen Befehl. Er ging um den Wagen herum und zwängte sich an den Fichtenzweigen vorbei, um die so beunruhigend fest Schlafende genau anschauen zu können.

„Um Gottes willen!“ Die Lider der Frau bedeckten die Augen nur zur Hälfte, so daß man grauenhaft das Weiße sah. Durch den heruntergeklappten Kiefer war der Mund halb geöffnet.

„Himmelherrgottnochmal!“ Zerahn hatte im Krieg, bis er seine schwere Knieverletzung bekam, genug Tote gesehen, um zu wissen, daß hier jede Hilfe zwecklos war. In den schrecklichen Jahren des Völkermordens gehörten Leichen sozusagen dazu wie das Geifern der Maschinengewehre und das Krepieren der Granaten. Aber eine aus dem Leben Geschiedene im sonst so friedlichen Altenstralauer

Gemeindewald war ein Anblick, der auch einen hartgesottenen, ehemaligen Frontsoldaten aus der Fassung brachte.

Er zwängte sich, rückwärts gehend, auf das Gestell hinaus, als wagte er nicht, der reglosen Gestalt den Rücken zuzukehren. Als er genügend Abstand gewonnen hatte, schlug er eine Art von Hinketrab ein, die schnellste Gangart, die ihm möglich war, um ins Dorf zu gelangen. „Zum Bürgermeister!" murmelte er. „Gleich hinter'm Kohleweg . . . ich habe nichts angefaßt . . . der Schal . . . sie hat einen grünen Schal um den Hals gewürgt . . . ich habe überhaupt nichts angefaßt."

❀

Werner Winsel – gute Freunde nannten ihn kurz WW und seine guten Freundinnen ebenso – hatte seit vier Jahren das Altenstralauer Revier gepachtet; 2 000 Morgen bäuerliche Felder, Wiesen und Wald, ungefähr zu gleichen Teilen aufgeschlüsselt. Seitdem sein Architektenbüro in der Kreisstadt – trotz der Schwierigkeiten im Baugewerbe – über Erwarten günstige Abschlüsse brachte, konnte er sich diesen Luxus leisten, ohne daß seine Familie zu kurz kam. „Tildchen", pflegte er entschuldigend zu seiner Frau zu sagen, „andere Männer geben mindestens ebenso viel Geld aus für das, was sie vertrinken, verrauchen, verspielen oder verlieben, und ich . . ."

Dann pflegte Tildchen Winsel, die nach dem zweiten Baby im Hinblick auf ihre Figur gewaltig mit dem Essen bremste, zu erwidern: „Ja, bei den drei ersten Angewohnheiten bist du musterhaft. Was aber dein schandbares Überall-Rumliebeln anbetrifft, ich weiß nicht . . ."

„Ich schwöre dir drei heilige Eide, daß ich dafür keinen Pfennig ausgebe. Das gibt es alles gratis und franko."

„Eine reizende Beruhigung! Und was soll die arme Ehefrau dazu sagen?“

„Sie soll sagen: Ich bin stolz darauf, daß ich keinen magerlichsauren Finanzamtsoberamtmann habe, dessen ganze Kraft sich im Abfassen scheußlicher Steuerbescheide erschöpft, sondern einen Jäger, einen echten, versteht sich, der jagt, weil er jagen muß. Und das bedeutet nun mal, begehrte, geliebte Beute aufzuspüren, anpirschen, gewinnen, in Besitz nehmen.“

So pflegte Werner Winsel seiner Frau gegenüber das zu verteidigen, was er unter Jagen verstand. Wenn er dann noch wie ein großer, ein wenig verlegener Junge lachte, dem niemand auf die Dauer böse sein konnte, dann sagte Frau Tildchen nur noch: „Ach du . . . hach, du . . .“

In diesem Spätsommer zog es ihn besonders stark nach Altenstralau, weil endlich ein Hirsch auf dem Abschußplan stand; freilich nur einer der nüchtern IIb genannten Klasse. Aber auch unter ihnen konnte sich bei einigem Glück ein begehrenswerter finden lassen. Zu solchem anspruchsvollen Suchen glaubte Werner Winsel sogar ein gutes Recht zu haben, hatte er doch in den vergangenen vier Jahren nur einen Junghirsch mit halblauscherlangen Spießen und einen abgekommenen Sechser geschossen, dessen Blattschaufel versteift war. Ein Unfall auf der Kreischaussee mochte der Grund sein.

Das Wetter in der Feistzeit verlief wenig günstig. So setzte Werner Winsel seine ganze Hoffnung auf die Brunft. Seit einigen Tagen schrien die Hirsche im benachbarten Gräflichen. Wie in jedem Jahr würden sie – meistens einzeln – zu kurzem Äsen auf seinem Wildacker erscheinen, um nach hastiger Sättigung auf den jenseits gelegenen Brunftplatz zurückzukehren.

Am Samstagnachmittag saß Werner Winsel auf seinem Lieblingshochsitz. Wie so oft kamen nach sorgfältigem Sich-Einrichten die gleichen Gedanken: „Mein Wildacker! Entweder man macht etwas ordentlich, oder man läßt es bleiben, ob es nun eine Villa ist oder eine Äsungsfläche. Wenn ich viele Tausender für die Pacht und den Wildschaden bezahlen kann, müssen auch einige Hunderter für den Wildacker möglich sein. ‚Lieber Herr Klausmann, nur nicht pfuschen! Ruhig einmal mehr pflügen, fräsen oder eggen. Was nun richtig ist, das wissen Sie besser als ich. Ich bezahle die Stunden, und wenn ich's mir vom Mund abknapsen müßte. Auf meinem Wildacker sollen lauter schöne Sachen wachsen und keine Quecken. Und daß Sie mir Mineraldünger streuen! Wie es sich gehört, nicht zu viel, aber auch nicht zu wenig. Selbst der Hunderter wird noch locker gemacht.‘

Zum Schluß läuft ja dann alles auf ein bißchen Selbstbeherrschung hinaus, wie immer bei der Jagd. Wildacker, nicht Schießacker! Was habe ich bis heute hier geschossen? Die zehnjährige Ricke mit ihrem Zwergenkitz, in Ordnung. Dann den geringen Rotspießer, geht auch in Ordnung. Schließlich den dreiläufigen Keiler. Der im Sprunggelenk weiß der Teufel wo abgeschossene Hinterlauf war eine hervorragende Entschuldigung, den Keiler im August zu schießen. Fünfjährige sind Mangelware. Der Stumpf war tadellos verheilt. Konnte ich vorher schlecht nachprüfen. Ich habe ihn besonders deswegen erlegt, weil er zur Zucht unfähig war. Bitte, bedenken Sie, Herr Forstdirektor, nur ein Hinterlauf! Sie lachen? Ich habe mir das reiflich überlegt."

„Mach dich nicht schlechter, als du bist! Den beinah' kapitalen Sechserbock hast du nicht geschossen und das mittelstarke Stück Schwarzwild auch nicht, das allein ankam. Nicht auszudenken, wenn es eine geringe Bache gewesen wäre, deren Frischlinge irgendwo im Busch steckten. Was bist du doch für ein stink-vollkommener Weidmann!“

„Sagte ich vorhin etwas von Selbstbeherrschung? Na ja . . . Ein verrücktes Mädchen. Nicht mehr ganz jung, aber vielleicht gerade deswegen besonders begehrenswert. Wer fährt schon ohne Ortskenntnis vom Kohleweg in die Schneise ’rein?! Prachtvolles Haar. Echtes Blond. Irene. Der Name muß aus dem Griechischen stammen. Irgendwelche große Enttäuschung, die nach Trost suchte, ohne es auszusprechen. Aber verrückt.“

„Haben wir nicht alle einen Stich, wir Jäger zu allererst. Wenn ein Mittelhirsch drei daumenlange Enden am Stangenende hat, nennen wir das großsprecherisch ‚Krone‘. Wer so einen schießt, wird von den anderen angesehen, als ob er heimlich noch Tellereisen stellt. Wenn aber der gleichalte Hirsch nur ein Eissprossenzehner ist, dann muß er ausgemerzt werden. Selbst wenn die Stangen stärker sind und er zwanzig Pfund mehr Wildbret auf die Waage bringt, das hilft ihm alles nichts im Vergleich mit dem alleinseligmachenden Krönchen. Ich sage noch einmal, wir alle sind irgendwo verrückt.“

„‚Leg’ die Hände um meinen Hals, fester, noch viel fester!‘, sagte sie. Da schrie der Hirsch am hellichten Nachmittag dicht über der Grenze. Ich sagte zu ihr: ‚Komm mit‘. Sie wollte nicht, war gekränkt, daß mir der Hirsch so wichtig war. Ich konnte und wollte keine langatmigen Erklärungen geben. ‚Wo bist du morgen? Können wir uns treffen?‘ Sie nahm meinen Arm von ihrer Schulter. ‚Morgen? Ich weiß nicht, wo ich morgen bin. Treffen? Geh doch zu deinem Hirsch! Meinetwegen auch morgen!‘ Da schrie er zum zweiten Mal, als ob er mich riefe. Mir meine

Ungeduld, zum Hochsitz zu gehen, übelzunehmen, derart übel . . . Na, endlich!"

Irgendwo hinter der eigenen Kiefernschonung und dem gräflichen alten Mischwald – Kiefer, Fichte, Eiche – knörte faul ein Hirsch. Ob es der vom Nachmittag war, blieb ungewiß. Während die sinkende Sonne die Baumwipfel vergoldete, antwortete ein zweiter, der Stimme nach nicht mehr junger Hirsch. Das Abendkonzert begann. Wenn es Werner Winsel auch nichts half, weil das Wild noch im Gräflichen stand, so befand sich das Ziel seiner Sehnsucht nur einige hundert Meter entfernt.

„Falls der richtige dabei ist", schränkte Werner Winsel den letzten Gedanken ein. „Aber man hat die Hoffnung, und das ist das Zweitschönste im Leben. Die Hoffnung auf einen besonderen Hirsch und die Hoffnung auf . . . Nein, die kannst du begraben. Irene ist jetzt wahrscheinlich schon fortgefahren, irgendwohin. Außerdem sind im Augenblick nur die Hirsche an der Reihe. Wenn du nicht allein dieses Ziel im Auge hast, wie kann dann das Schönste eintreten, das Allerschönste, die Erfüllung?!"

In der hintersten Ecke kam der „beinah kapitale" Bock aus der Schonung. Wie ihm die Serradella schmeckte! Klausmann verstand sein Geschäft. „Säen wir das Zeug in zwei Abteilungen", hatte er gesagt. „Einmal im April und einmal Anfang Juli. Dann werden wir keinen Ärger mit dem Stengelbrenner kriegen. Mein Vater hat sie immer noch Mitte Mai in den halbhohen Roggen gesät, und sie wuchs kniehoch. Dann kam der Stengelbrenner, irgendein neumodischer Pilz, und man muß ganz früh säen oder erst im Sommer. Bei zwei Abteilungen haben die Rehe immer frisches Grünzeug und die Hirsche auch."

Auch diesmal konnte der einsame Jäger der Versuchung nicht widerstehen, das für die Gegend ausnahmsweise starke Gehörn mit dem Glas zu messen. Die Lippen formten lautlose Worte: „Fünfundzwanzig oder sechsundzwanzig. Herr Forstdirektor, ich verpflichte mich, den Bock weder in diesem Jahr noch im nächsten zu schießen, wenn Sie für den jungen Grafen und die Legion ihrer werten Jagdgäste gutsagen können. Wer ihn schließlich bekommen soll? Nennen Sie mir einen zweiten Grenzbock, dem Sie ein langes Leben wünschen. Dann kann jeder im dritten Jahr einen schießen. Das ist ein ehrlicher Handel, den der kleine Pächter dem Latifundienbesitzer vorschlägt."

Da hat der alte Rauschbart gelacht und versprochen, er wolle von seiner Annemie ein Bild des Bockes zeichnen lassen – die verstände sich auf solche Kunstwerke – und ein zweites von dem vermutlich dreijährigen schwarzen Morchelbock aus der Lehmkuhle. Bei dem wäre es interessant, abzuwarten, ob die leichte Krümmung der Stangen nach hinten abwärts beibehalten würde. Unter den Bildern sollte ein Vermerk stehen: „Nach Absprache mit dem Nachbarn unbedingt zu schonen!"

„Ist eine wunderbare Sache, wenn man etwas lebend besitzt, um dessen möglichen Verlust man sich keine Sorgen zu machen braucht. Jetzt denke ich schon beinah' so wie Tildchen. Keine Beunruhigung! Irene? Nur Gedankensünden. Oder um es ehrlich auszudrücken: Ich war der Verlierer. So ist das Leben."

Als es zu dunkel geworden war, um ein Geweih ansprechen zu können, packte Werner Winsel seine Sachen möglichst lautlos zusammen. Jedesmal gab er sich die größte Mühe, nach dem Ansitz heimlich davonzuschleichen. Das Vergrämen des Wildes in der ersten Nachtstunde hielt er für besonders schwerwiegend.

Da stand ein großer schwarzer Klumpen im immer noch verhältnismäßig hell schimmernden Serradella-Rechteck.

Sau? Hirsch? Behutsam hob Werner Winsel das Glas. Hirsch oder vielmehr Rotwild. Ein Geweih war nicht zu erkennen. Der Figur nach eher Kahlwild als Geweihter. Da war ein zweites Stück, das deutlich geringer wirkte. Alttier und Kalb. Binnen kurzer Zeit standen zehn oder zwölf Stück auf dem Wildacker. Einigeästen vom Grünfutter, die anderen schlugen daneben Kartoffeln aus. Man hörte das harte Scharren der Läufe. Schließlich erklang vom Bestandesrand her der fordernde Sprengruf eines Hirsches. Zwei dunkle Schatten jagten über die freie Fläche, beschrieben einen Bogen, mäßigten ihr Tempo und begannen dann auch zu äsen.

Werner Winsel wußte, daß er nicht mehr unbemerkt verschwinden konnte. Ein paar vertrauensselige Rehe ließen sich vielleicht täuschen. Bei einem starken Rudel Rotwild war das unmöglich. Ein Stück würde bestimmt etwas merken, aufwerfen, minutenlang mißtrauisch sichern, weitausholend Bogen schlagen, bis es unter Wind kam. Dann war es geschehen! Entsetztes Forttrollen. Alle übrigen erkannten sofort die Gefahr und folgten. Tiefes, empörtes Schrekken aus nachtschwarzem Wald. Vergrämtsein für lange Zeit.

Sogleich war der Entschluß gefaßt: Sitzenbleiben! Wenn es notwendig war, die ganze Nacht über. Wie gut, daß die Bank lang und breit genug war, um sich einigermaßen bequem hinlegen zu können. Eine Tafel Schokolade steckte als eiserne Ration im Rucksack. Drei der leichten Zigarren, die er draußen bevorzugte, waren auch noch da. Ein großes Glücksgefühl überkam den Einsamen. „Ich bin ein beneidenswerter Mensch“, dachte er. „Auf meinem Wildacker steht ein Brunftrudel. Wie wenige Privatjäger erleben das in dieser Stunde. Ich habe die ganze Nacht Zeit. In der ‚Traube‘ ist man es gewöhnt, daß ich am

Abend nicht zurückkomme. Kein Mensch sorgt sich um mich."

Draußen war es finster geworden. Er zog die Schnürstiefel aus, suchte sich im Liegen die beste Stellung, deckte sich mit dem Mantel zu und stopfte die Zipfel so gut wie möglich fest. Unten rumorte das Wild, das im Finstern alle ängstliche Vorsicht vergaß. Hatte ein Stück eine besonders große Kartoffel gefunden, war deutlich das schnurpsende Zerkauen zu hören. Zwei Beihirsche schrien aus achtungsvoller Entfernung. Der Platzhirsch antwortete so zornig und drohend, daß es die beiden Rivalen nicht wagten, näher zu kommen. Am Nachthimmel zogen unbekannte Vögel vorüber. Sie lockten sich gegenseitig mit richtungsweisenden und aufmunternden Rufen. Eine dunkle Wolke zog von Westen herauf. Dann begann ein Regenschauer. Aber nur feine Tropfen krispelten und kraspelten auf das Kanzeldach. Es war eine einschläfernde Melodie.

„Ich müßte die Luken schließen", dachte Werner Winser. Aber er war schon zu schläfrig, um sich aufzuraffen. Sollte es doch ein bißchen hereinregnen. Er lag im Trocknen. „Tildchen, was machen die Kleinen? Schlafen schon? Dann gute Nacht! Irene, du konntest mich nicht verstehen. Weißt du, der Hirsch . . . Er soll nicht viele Enden haben und um des Himmels willen keine Krone! Der Hirsch, mein Hirsch, das Absehen im Fernrohr steht auf seinem Blatt, ich habe eingestochen, warum fällt der Schuß nicht?"

❀

„Wie spät war es?" Werner Winsel schob den Ärmel zurück. Vier Uhr. Er blinzelte nach dem Wetter. Ein morgenblasser Stern leuchtete schwach. Nebenan auf der

Kanzelwand war ein mattes Dreieck zu erkennen. Der im letzten Viertel stehende Mond zeichnete es durch die große Luke auf die rauhen Bretter. Draußen herrschte tiefe Stille.

Der Jäger schauderte zusammen, ihn fror. Leise setzte er sich hin und zog die Stiefel an. Er aß einen Riegel Schokolade und zündete sich hinterher eine Zigarre an. Das verräterische Flämmchen des Feuerzeuges wurde unter dem Mantel versteckt. Langsam, mit behutsamen Bewegungen rauchend, lauschte Werner Winsel hinaus. Im Gräflichen begann ein Hirsch zu schreien, aber so weit entfernt, daß es wahrscheinlich nicht der des Wildackerrudels war.

Bald darauf kam ein kurzes Knören von halblinks. „Sie sind nachts in die Wiesen gezogen", überlegte Werner Winsel. Vermutlich waren sie auch in Rietmüllers Futterrüben. Das gäbe wieder Spektakel! „Herr Rietmüller, ich habe 120 beschädigte Rüben gezählt, gezählt, verstehen Sie? Die können unmöglich 50 Zentner wiegen. Das wären ja 40 Pfund je Rübe. Passen Sie auf: Ich geben Ihnen den besten Hasen, den ich bekomme. Ja doch, meinetwegen noch einen Fasanenhahn für den Ärger. Denn ich verstehe Ihren berechtigten Zorn vollkommen."

Im Glas war alles grau in grau. Werner Winsel wischte die beschlagenen Linsen klar und versuchte es ein zweites Mal. Noch zu dunkel. Wenn sie sich doch etwas verspäten würden und bei leidlichem Licht kämen und wieder über den Wildacker zögen und wenn der richtige Hirsch dabei wäre! Wenn, wenn, wenn . . .

Noch eine halbe Stunde, dann wäre es hell genug. Jetzt noch zwanzig Minuten. Jetzt . . . Da waren sie! Ein Dürrast knackte. Es klang weich und morsch. Also hatte er schon längere Zeit auf der Erde gelegen und war jetzt unter einem harten Tritt zerbrochen. Ein Stück hustete. Vom Hirsch war jetzt beim Einziehen nichts zu vernehmen.

Plötzlich stand das Leittier auf der Serradella. Gute, helle Pflanzendecke! Regennaß schimmerte sie richtig silbern. Das Stück hielt sich nicht lange auf, rupfte nur hier und dort einen Äser voll aus und zog dabei ständig auf die Sicherheit der Altenstralauer Grenzschonung und des gräflichen Hochholzes zu.

Am Schluß des Rudels befand sich der Hirsch. Er wirkte doppelt so stark wie die Tiere, auch dunkler war er. Oben im Geweih waren Verdickungen zu erahnen, sie wirkten wie geballte Fäuste. Kronenhirsch, vermutlich jagdbar, nichts zum Schießen. Trotzdem war es wunderbar, daß ein ganzes Brunftrudel bei schon leidlichem Licht über den Wildacker zog.

Halblinks klapperten Stangen. Zwei Beihirsche maßen ihre Kräfte. Vermutlich waren sie schrecklich aufgeregt und wütend darüber, daß sie nicht zum Kahlwild mit seiner verlockenden Brunftwitterung durften. Deswegen fuhren sie in verständlichem Dummen-Jungen-Zorn aufeinander los.

„Ruhe!“, befahl sich Werner Winsel. „Wenn sie ihre Keilerei beendet haben und das Rudel eingezogen ist, kommen sie auch. Sobald einer erscheint, knöre ich ihn halblaut an, damit er verhofft. Ich knöre mit fast geschlossenem Mund tief in der Kehle. Das klingt auch ohne Muschel sehr natürlich. Laßt euch Zeit! Jede Minute Verzögerung ist ein Gewinn!“

Das Rudel war verschwunden. Da kamen die Beihirsche, flüchtig, der Sieger den Unterlegenen sprengend. So flüchtig, daß nur ein verschwommener Eindruck von den Geweihformen zurückblieb. Keine Kronen, das war sicher. Wie alt? Ausgesprochen jugendlich-unreif hatten sie nicht gewirkt. Fünf-, möglicherweise sogar schon sechsjährig. Verschwunden im Graudunkel der Schonung. Aus.

„Wirklich aus? Wie war das vor zwei Jahren, als ich hier Ende September um Sonnenaufgang vorbeikam? Da stand doch ein Achterhirsch im hellen Licht und äste und äste und warf kein einziges Mal sichernd auf. Bestimmt hatte er tage- und nächtelang nur um das Brunftrudel herumgegiert. Plötzlich war der Hunger übermächtig geworden. Er ließ jede Vorsicht außer acht. Nur für ein paar Minuten, aber sie konnten den Tod bringen."

„Sitzenbleiben!", dachte Werner Winsel. „Habe ich so lange ausgehalten, kommt es auf zwei, drei Stunden auch nicht mehr an. Ich bleibe sitzen, bis . . . bis die Sonne den Kienzopf in der alten Kiefer trifft. Das ist ein Sonnenurteil. Dann in beschleunigtem Reisetempo zur Traube: ‚Schöne Frau, bitte, machen Sie mir ein großes Kännchen Ihres allerbesten Kaffees und dazu ein Frühstück . . Sie wissen schon.'"

Punkt acht glaubte der Lauschende in der Schonung ein Geräusch zu hören, das sich vom Schackern einer vorbeifliegenden Drossel, dem Rätschen eines Eichelhähers und dem fernen Tuckern eines Treckers, der vermutlich mit Sonntagserlaubnis ackerte, unterschied. Dann wußte Werner Winsel, daß es Stangenanstreichen an herabhängende Fichtenäste gewesen sein konnte. Sein Herz setzte für einen Augenblick aus, dann begann es hart zu schlagen. Die Hand wollte unbeherrscht nach der wie immer in ihrer fachmännisch angenagelten Stütze stehenden Büchse greifen. „Sitz still, zum Kuckuck! Keine Bewegung! Du mußt doch zuerst das Glas nehmen!" „Tuck, tuck, tuck, tuck", schnell und regelmäßig der fleißig arbeitende Trecker. „Puck, puck, puck", langsamer und schmerzhaft fühlbar das dumme Herz.

Da war der Hirsch auf dem Wildacker! Daß man sie fast nie beim Sichern am Bestandesrand erkannte! Glas hoch; natürlich zu fahrig schnell. Aber der drüben hatte sich noch weniger in der Gewalt. Der dachte nur an das Äsen. Keine Krone. Links vier Enden, auf der anderen Seite nur drei, alle lang und schön geschwungen. Großrahmiges Gebäude, anscheinend voll erwachsen, wenn auch die wuchtige Vorhand des reifen Hirsches fehlte. Mindestens sechs Jahre. Einer der seltenen ungeraden Achter. Schießen!

Von einer sachgemäß gebauten Kanzel, auf knapp hundert Schritt, bei bester Beleuchtung einen Hirsch sauber zu treffen, ist wahrhaftig nicht schwierig. Man muß nur das schreckliche, das herrliche Jagdfieber für ein paar Sekunden beherrschen.

Im Knall machte der Hirsch eine tiefe Flucht, dann beschrieb er einen Halbkreis und warf sich in die Randbäume der Schonung. Es sah so aus, als schlössen sie ihre Zweigarme schützend hinter ihrem Geschöpf.

„Ich habe auf einen Hirsch geschossen", sagte Werner Winsel halblaut vor sich hin. „Ich muß ihn gut getroffen haben. Die Kugel muß sogar sehr gut sitzen. Trotzdem . . . jetzt in der Brunft. Meine Schonung ist nur reichlich 200 Meter breit. Wehe, wenn ich ihn todkrank über die Grenze stänkere! Ach, Sabinchen, mußtest du gerade jetzt vor das blöde Auto laufen?!" Die heißgeliebte Kurzhaarhündin hatte sich vor einigen Tagen beim Zusammenstoß mit einem gottlob sehr langsam fahrenden Lieferwagen einen Vorderlauf gebrochen und lag geschient im Zwinger.

„Eine Stunde Wartezeit", beschloß Werner Winsel. „Dann gehe ich zum Anschuß. Dort entscheidet es sich, ob ich allein nachsuchen darf oder Forstamtmann Preller mit seinem Heiko bitten muß."

Die letzte Zigarre wurde angezündet. Sie reichte eine gute halbe Stunde. „Schluß der Vorstellung! Prinzipien sind eine feine Sache für die Theorie, in der Praxis . . . Außerdem dauert es noch eine Weile, bis ich alles zusammengepackt habe und drüben bin."

Im tausilbernen, klitschnassen Gekräut der Futterpflanze mit den zierlich gefiederten Blättchen ließ sich eine dunkle Bahn erkennen. Auf ihr war der Hirsch vom Holz her in die Serradella gezogen. Jäh brach sie ab und wurde zum Ausgangspunkt eines zweiten, sich deutlich abhebenden Streifens, auf dem der Kranke zurückgeflüchtet war. Einzelne Stengel waren ausgerissen.

„Ruhe! Am Anschuß nicht umhertrampeln! Da klebt Haar." Ein Dutzend bräunlich-graue, eher kurz als lang zu nennende Haare klebten auf dem breiten Blatt einer Unkrautstaude.

„Zum letzten Mal: Ruhe! Führerscheintäschchen herausholen." Unter dem Autokram steckte der Jagdschein. Auf dieser hellen Unterlage sammelte Werner Winsel das Haarflöckchen, an dem winzige Lehmteile klebten. „Es hat keine Wurzeln, ist Schnitthaar. Ich habe getroffen. Auch die Länge stimmt. Rumpfhaar. Erst mal bis zur Schonung! Schweiß! Guter, hellroter Lungenschweiß. Ich darf folgen."

Werner Winsel nahm die Büchse von der Schulter. Das Fernrohr lag auf dem Rucksack am Hochsitz. Bei der Folge in einer dichten Schonung wäre es nur hinderlich gewesen. Auf den ersten Zweigen klebte viel Schweiß. Die Ordnung des hier am Rande üppig wuchernden Unkrautes war zerstört. Manche der Blätter zeigten die helle Unterseite. Er zwängte sich zwischen die mannshohen Bäume. Überall war Schweiß abgestreift oder mit keuchendem Atem verspritzt worden. Da lag der Hirsch.

Zögernde Schritte, als wäre zu befürchten, daß noch einmal Leben in das reglose Wild zurückkehren könnte. Dann kam das besitzergreifende Fassen nach dem Geweih, um es mit einiger Mühe so zu drehen, daß keiner der tief hängenden Äste es verbarg. Vier und drei Enden, wie angesprochen. Verhältnismäßig starke, harmonisch geschwungene Stangen. „Mein bester Hirsch!"

Es folgte das ängstliche Tasten in den Äser: „Wie alt?" Werner Winsel lehnte das Aufschärfen der Backendecke ab, weil dadurch das Haupt des Wildes verunstaltet würde. Er schloß halb die Augen und verließ sich ganz auf sein Gefühl. Seine Züge verklärten sich. Keine scharfen Kanten und Spitzen waren zu verspüren. „Mindestens sieben", murmelte er. „Da kann nicht einmal unser Grünober etwas aussetzen. Gott sei Dank!" Der Stoßseufzer kam aus tiefstem Herzen.

❀

Es war gegen neun Uhr, als Werner Winsel seinen in gutem Versteck abgestellten Wagen wendete, um zum Dorf zu fahren. Minuten später kamen nach einer Wegbiegung die „Zwei Linden" für einen Augenblick in das Blickfeld. Nanu, was war da los? Eine ganze Anzahl Autos parkte dort, und Leute standen auch herum. Der Gedanke fuhr ihm durch den Kopf, im Gräflichen sei ein Hirsch angeschweißt worden, so daß man eine Nachsuche großen Stiles veranstaltete. Da er unauffindbar im Revier steckte, konnte man ihn nicht benachrichtigen.

Dicht herangekommen, erkannte er das indianerrote Gesicht von Wachtmeister Peluschka. Wie der Engel mit dem feurigen Schwert stand er am abzweigenden Weg und verwehrte den Neugierigen den Zutritt. Denn es waren

Neugierige, die da schwatzend umhertraten, bekannte Jugendliche aus dem Dorf und unbekannte Städter auf ihrem sonntäglichen Pilzausflug.

Werner Winsel stieg aus dem Wagen und ging auf den Polizeibeamten zu. Wie es überall sein sollte, war das gegenseitige Verhältnis ausgezeichnet. Der Jagdpächter sparte nicht mit einem Weihnachtshasen oder einer Rehkeule. Der Wachtmeister sorgte dafür, daß die Schuljungen im Frühjahr weder Ödländereien noch Feldraine abbrannten, und den Gastarbeitern vom Eisenwerk hielt er ab und an eine donnernde Rede, wenn er einen von ihnen beim Schlingenstellen erwische, könne sofort die Rückfahrkarte in die geliebte Heimat gelöst werden.

„Guten Morgen, Herr Peluschka! Was ist denn hier los?"

„Sie wissen noch nichts? Ein Mord, Herr Winsel, ein richtiger Mord! Daß ich bei uns so etwas noch vor meiner Pensionierung erlebe! Eine Dame ist es, eine gewisse Irene Fanell. Der lahme Zerahn hat sie heute früh gefunden. Die Mordkommission ist schon da, Spuren sichern, verstehen Sie."

„Das ist ja unfaßlich."

„Geraubt ist wohl nichts. Es ist . . ." Der gebürtige Oberschlesier riß die Augen auf, bevor er das gruslige Wort aussprach: „Es ist wohl ein Lustmord."

„Ein Mord . . Irene Fanell . . ." Werner Winsel hatte das Gefühl, als presse eine unsichtbare Faust seine Brust zusammen, so daß er nur mit Mühe atmen konnte. Gestern nachmittag noch so lebenssehnsüchtig und jetzt tot, umgebracht. Wenn sie mit mir gekommen wäre! „Wer kann denn nur . . . ich meine, hat man schon eine Spur?"

„Noch ist nichts bekannt. Aber das wird nicht lange dauern. Die von der Mordkommission haben ihre Erfahrung, die kriegen ihn, den Lumpen infamichten. Haben Sie denn nichts Verdächtiges bemerkt, Herr Winsel?"

Ruhe bewahren! In der Nacht hat es geregnet. Fußspuren stehen auf dem vergrasten Weg sowieso schlecht; jetzt sind sie ausgelöscht. Fingerabdrücke im Auto? Natürlich würden welche zu finden sein. Deswegen durfte erst gar nicht der Verdacht auftauchen, daß sie ihm gehören könnten. Er richtete sich ein wenig auf: „Nein, ich habe nichts beobachtet. Das heißt – mir fällt es gerade ein – den Wagen sah ich beim Vorbeifahren, aber nur undeutlich. Ich dachte: Da ist Schluß. Durch die nasse Stelle kommt niemand durch. Also werden sie das Wild nicht vergrämen."

„Und wo sind Sie dann hingefahren?"

„Ich saß dann die Nacht durch auf der Wildackerkanzel, bis ich heute morgen einen Hirsch schoß." Unwillkürlich machte er eine Bewegung mit den Händen, an denen noch etwas Schweiß vom Aufbrechen haftete, als gelte es, die Wahrheit des Gesagten unter Beweis zu stellen.

„Einen Hirsch? Ich gratuliere! Einen großen?"

„So stark, wie ich ihn schießen durfte."

In diesem Augenblick löste sich ein Mann aus der Gruppe, die am Tatort beschäftigt war. Mit kurzen, eifrig geschwungenen Beinen kam er schnell heran. „Herr Peluschka . . ., der Herr?"

„Das ist unser Jagdpächter. Ich hab' ihn schon gefragt. Er hat nichts Verdächtiges bemerkt."

„So. So. Dafür wir um so mehr. Im Aschenbecher liegt außer der Marke, die von der Dame geraucht wurde, eine Kippe mit fast schwarzem Tabak. Es muß eine französische Zigarette gewesen sein."

Oberwachtmeister Peluschka fuhr hoch. „Dann haben wir ihn!“ stieß er hervor. Sein gutes, Vertrauen erweckendes, infolge eines niemals übermäßig, dafür aber nimmermüde genossenen Alkoholquantums kupferfarbenes Gesicht strahlte triumphierend. „Der Franzose! Im Werk ist seit Ostern ein Straßburger in der Verkaufsabteilung. Kind deutscher Eltern. Der raucht dieses fürchterliche Zeug.“

„Woher wissen Sie das?“

„Er verkehrt im ‚Goldenen Engel‘. Da habe ich neulich erst zu ihm gesagt . . .“

Der Herr von der Mordkommission hatte es eilig: „Gewiß . . . Wie heißt der Mann? Wo wohnt er? Wie alt ist er ungefähr?“

„Gustav Schlammburger. Mitte dreißig etwa. Er wohnt in der Feldbergstraße über der Fleischerei Gössel.“

„Danke, Herr Peluschka. Den wollen wir uns mal anschauen.“

Der Kommissar winkte einen seiner Assistenten heran und ging zu den abgestellten Autos. Die zu kurz geratenen Beine wurden unternehmungslustig geschwungen.

❁

Erst nach mehrfachen vergeblichen Anfragen fand Werner Winsel an diesem Sonntagvormittag einen Fuhrmann zum Abholen des Hirsches. Unterwegs sagte der Jagdpächter zu dem Besitzer des kleinen Lieferwagens, der ein aufgeschlossener Mann war: „Wir Jäger sind stockkonservativ, Herr Lohmeier. Noch heute geht es uns gegen den Strich, einen Hirsch, also unser am meisten geschätztes Wild, mit dem Auto abzuholen. Wenn es aber im ganzen Dorf kein Pferd mehr gibt, was soll man da machen?! Daß wir selbst zu jeder Jagdveranstaltung im Auto kommen, ist zur Selbstverständlichkeit geworden. Aber zum Wildeinholen sollen es Gäule sein oder wenigstens Ochsen. Dabei schadet ein Mistwagen gar nichts. So überlieferungstreu sind wir Jäger."

„Immer noch besser als zu modern", sagte Lohmeier bestimmt. „Sehen Sie sich die Jugend von heute an. Überall die Krawalle. Und nun erst diese Mordsache! Vorhin, gerade erst, ehe Sie kamen, sind sie mit dem Schlummberger raus in den Wald. Ausgerechnet der, ein so lustiger Mensch! Dem hätte ich das nie und nimmer zugetraut." Da war das Gespräch bei dem Ereignis angelangt, das alle Gemüter des sonst so friedlichen Dorfes in Aufregung versetzt hatte.

Da die Versorgung des Hirsches bis gegen zwölf dauerte, wurde aus dem Schlemmerfrühstück, auf das sich Werner Winsel gefreut hatte, ein Mittagessen, das sich sehen lassen konnte. Als die Suppe aufgetragen wurde, hielten vor dem der „Traube" gegenüberliegenden Bürgermeisteramt mehrere Autos. Die Traubenwirtin trat neugierig ans Fenster. „Da ist er!" sagte sie aufgeregt. „So ein hübscher Kerl und immer nett und zuvorkommend. Und jetzt mit Handschellen!"

Beim schwarzen Kaffee, der zum Abschluß eines Festmahles gehört, kam der Oberwachtmeister eilig, aber stolz erhobenen Hauptes zur Traube. Als er die Gaststube betrat, rückte Werner Winsel den zweiten Stuhl an seinem Tisch einladend zur Seite. „Kommen Sie!" sagte er und zur Wirtin: „Schöne Frau, bitte, einen Schoppen für Herrn Peluschka."

„Wir haben ihn", sagte der Ordnungshüter, nachdem er sich mit hörbarem Schnaufen gesetzt hatte. „Die Tatsachen haben ihn einfach erdrückt. Ein paar Zeugen sahen ihn gestern nachmittag mit seinem Motorrad in den Wald fahren. Er bestritt natürlich, daß er sie jemals gesehen hat. Nutzte ihm nicht viel. Als er sie wiedersah . . ."

„Sie haben ihn zu den ‚Zwei Linden' gebracht?"

„Ja, ohne etwas zu verändern. Da wurde er käseweiß, und als der Kommissar beiläufig sagte: ‚Die Fingerabdrücke, die wir genommen haben, sind erstklassig. Da hilft Ihnen kein Abstreiten', da packte er aus: Ja, er hätte sie getroffen, und sie hätte ihn gebeten, ihr rückwärts aus der Schneise rauszuhelfen, und dann hätte eins das andere ergeben, und er hätte sich zu ihr in den Wagen gesetzt. Die Kripo hat ihm so lange zugesetzt, bis er alles gesagt hat."

„Er hat den Mord oder den Totschlag, was es nun ist, zugegeben?"

„Hat er, wenigstens zu Dreiviertel. Er wollte uns nämlich zum Schluß noch einen gewaltigen Bären aufbinden. Er sagte . . . Das ist natürlich alles vertraulich, Herr Winsel. Einem anderen, auf den ich mich nicht so verlassen könnte, würde ich es nie im Leben erzählen. Also, er behauptete, sie hätte ihn gebeten, nein, ihn geradezu aufgefordert, ihr den grünen Schal – so fest wie möglich – um ihren Hals zu binden. Ist das nicht die dümmste aller Ausreden, auf die einer verfallen kann, wenn er in der Tinte sitzt?!"

„Und? Was weiter?"

„Plötzlich soll sie tot zusammengesackt sein. So einfach tot! Da wäre er vor Entsetzen fortgefahren und hätte sich nicht mehr aus seinem Zimmer getraut, bis sie ihn abgeholt hätten. Das ist der tollste Schwindel, den ich in meinem ganzen Leben gehört habe. Es nützt ihm aber gar nichts. In ein, zwei Stunden haben sie ihn abgekocht wie ein Suppenhühnchen. Früher hören die nicht auf, bis alles im Protokoll steht und er unterschrieben hat. Die nicht."

„Bitte, noch einen Schoppen für Herrn Peluschka. Nein, ich nehme keinen mehr“, sagte Werner Winsel geistesabwesend. Er vergaß für kurze Zeit, daß er in der „Trauben“-Gaststube saß. „Den grünen Schal, so fest wie möglich – Fast die gleichen Worte – Leg die Hände um meinen Hals, noch fester – Tildchen, was mach’ ich nur? Diskretion der Polizei? Vorhin schlich dieser Aasgeier vom Kreisblatt ins Amt. Der horcht doch an allen Türen! – Sie kochen ihn ab, früher hören die nicht auf – Tildchen, sei nicht böse, man ist entweder ein Jäger oder ein Dreckskerl – Tildchen, sei mir nicht zu böse!“

Werner Winsel stand so unbeherrscht auf, daß sein Glas vom Tisch fiel und mit dünnem Klirren zerbrach. Die Wirtin kam zu Hilfe: „Das macht doch nichts! Scherben bringen Glück!“

„Hoffentlich“, sagte Werner Winsel bitter. „Im Augenblick sieht es nicht so aus. Herr Peluschka, ihr Franzose ist unschuldig. Kommen Sie mit ’rüber. Ich habe eine Aussage zu machen.“

Während das Protokoll mit Werner Winsels Bekundung verlesen wurde, klingelte das Telefon. Einer der Beamten meldete sich, dann gab er seinem Vorgesetzten den Hörer: „Für Sie, Chef! Es ist Dr. Schwertlein.“

„Sieh da, nicht erwürgt? Einwandfrei Herzschlag? Herzlichen Dank, Herr Doktor. Das bestätigt genau die Tatsachen, die wir bis jetzt ermittelt haben.“ Der Kommissar legte den Hörer in die Gabel und sagte so laut, daß es alle Anwesenden verstehen konnten: „Sie ist an einem Herzschlag gestorben!“

„Ich hätte mich nicht einzumischen brauchen“, dachte Werner Winsel bedrückt. Dann aber schüttelte er unwillkürlich ein wenig den Kopf: „Idiot! Du mußtest es tun!

Sonst hättest du dir ein Leben lang nicht mehr im Spiegel in die Augen sehen können. Danke deinem Schöpfer: Genauso leicht hätte sie sterben können, als du bei ihr warst. Der Hirsch hat dich davor bewahrt, als er so unerwartet früh schrie."

Das Protokoll wurde unterzeichnet. Beim Hinausgehen stand der Zeitungsmensch im Flur: „Herr Winsel, nur ein paar Fragen . . ."

„Ich beantworte keine Fragen. Und wenn Sie eine Zeile mehr schreiben, als es das Gesetz leider Gottes gestattet, bekommen Sie es mit meinem Rechtsanwalt zu tun. Guten Tag!"

Auf dem Weg zum Gasthof überlegte Werner Winsel, ob er zu grob gewesen sei. Vielleicht, aber ich habe ihn wenigstens nicht aus Versehen „Herr Aasgeier" genannt.

Was nun? Zuerst wurde das Geweih hergerichtet. Das machte sich hier in der Waschküche des Gasthofes leichter als zu Hause in der Stadtwohnung. Dann zu Tildchen: „Du, ich habe ein scheußlich schlechtes Gewissen. Genau wie früher, wenn ich in der Schule einen Riesenblödsinn ausgefressen hatte."

Etwa acht Tage später wollte ein Fräulein Eva Sturmschmieder Werner Winsel am Telefon sprechen.

„Wo fehlt es denn, mein Fräulein?"

„Ich bin Reporterin bei der ‚Stella' und schreibe einen Bericht über den Fall Irene Fanell. In dem Zusammenhang hätte ich gern ein paar Fragen an Sie gestellt, Herr Winsel."

„Bedaure, in dieser Angelegenheit, in die ich zu meinem erheblichen Mißfallen hineingerasselt bin, gebe ich grundsätzlich keinerlei Auskunft."

Die Stimme auf der anderen Seite der Leitung wurde, soweit es möglich war, noch sanft-sympathischer: „Mit dieser Ablehnung habe ich, offen gestanden, gerechnet. Gerade deswegen möchte ich Sie bitten, daß wir uns kurz besprechen, was ich alles n i c h t schreiben soll."

„Daran halten Sie sich doch nicht, mein Fräulein."

„Die arme Maria Stuart hat gesagt: ‚Denn ich bin besser als mein Ruf.' Versuchen Sie es erst einmal mit mir. Außerdem müßte es Sie doch interessieren, die Hintergründe des mysteriösen Falles sozusagen aus erstem Munde zu erfahren."

„Wenn die Presse schon Damen mit unwiderstehlichen Stimmen vorschickt . . . Ist es Ihnen recht um vier Uhr im Café Blumenberg?"

Eva Sturmschmieder war keine schöne, aber eine aparte Mittdreißigerin. Sie hatte in den letzten Tagen sehr genau recherchiert: „Als Irene Fanell sieben Jahre alt war, verließ die Mutter Hals über Kopf das Haus. Sie soll eine bildschöne, aber exzentrische Frau gewesen sein. Die übliche Liebesaffäre kam übrigens nicht in Frage. Wahrscheinlich wollte sie sich ihr Leben nicht völlig verderben lassen. Der Mann soll ein schon beinah' krankhafter Hypochonder gewesen sein. Als sie sich standhaft weigerte, zurückzukehren, wurde die Ehe schließlich geschieden."

„Wie haben Sie das alles rausbekommen?"

Eva Sturmschmieder lächelte ein wenig: „Das ist doch unser Metier. Ich konnte die ehemalige Wirtschafterin des Hauses Fanell finden, eine reizende, geistig sehr bewegliche Siebzigerin. Die war geradezu glücklich, über ihre besonnte Vergangenheit sprechen zu können. Also: Der Vater, Rechtsberater in einem mittleren Industrieunternehmen, liebte sein einziges Kind abgöttisch. Deswegen traf es ihn besonders hart, daß Irene nach glatt bestandenem Abitur weder einen Beruf erlernte, noch studieren wollte. Schlechte Freunde. Marihuana. Möglicherweise eine Fehlgeburt. Das bleibt aber unerwähnt. Nicht alle schmutzige Wäsche soll man auspacken!"

„Bravo!"

„Schönen Dank! Zum Schluß ein ausgesprochen untüchtiger Kerl, der abwechselnd malte, bildhauerte und dichtete, ohne in einer dieser Künste auch nur einen bescheidenen Erfolg aufweisen zu können. Den wollte sie heiraten oder er sie."

„Wo die Liebe hinfällt!"

„Ja, so sagt man: und wenn es auf einen Misthaufen ist. Der Vater drohte: ‚Verdirbst du dir mit dem dein Leben vollkommen, tue ich mir etwas an.' Sie nahm diese Worte nicht ernst und packte die Koffer. Unterwegs merkte sie, daß sie ihren Paß vergessen hatte. Nach ein paar Stunden kam sie in die Villa zurück. Sie fand . . . verstehen Sie, Herr Winsel, die Wirtschafterin war irgendwie abwesend, Irene selbst fand den Vater. Er hatte sich erhängt."

„Mein Gott, muß das ein Schock gewesen sein!"

„Einer, den sie nie verwunden hat. Selbstvorwürfe, Nervenzusammenbrüche, zwei fehlgeschlagene, vielleicht nicht ganz ernst gemeinte Selbstmordversuche, Reisen ins Ausland, wieder Rauschgift, Sanatoriumsaufenthalt. Ein dauernder Wechsel zwischen nymphomanen Perioden und solchen völliger Zurückgezogenheit von allen Selbstbetäubungsversuchen. Bemerkenswerterweise nahm sie sich beim Chauffieren gewaltig zusammen. Mit ihrem Führerschein hat sie niemals Schwierigkeiten gehabt. Ich denke, daß man sie deswegen nicht einfach als eine Geisteskranke abtun darf. Alles in allem: ein bedauernswertes Geschöpf, bis das Herz versagte."

„Ja, bis das Herz versagte", wiederholte Werner Winsel den letzten Satz. Dann zwang er sein Gegenüber durch einen aufmerksamen Blick, ihm in die Augen sehen zu sehen. „Etwas ganz anderes, mein Fräulein Reporterin: In dieser Woche erleben wir draußen im Wald die Hochbrunft. Die Hirsche schreien, daß einem der Atem stockt. Ich darf zwar keinen mehr schießen, aber allein das Zuschauen macht jede Revierfahrt zu einem Erlebnis. Welchen Abend haben Sie frei, um mich zu begleiten?"

„Ich Sie begleiten . . . Gibt das auch eine Geschichte?"

„Das wäre durchaus möglich."

„Mit welcher Überschrift?"

Werner Winsel lachte sein bezwingendes Lachen, das Lachen eines großen, ungebärdigen, aber nicht allzu schlechten Jungen.

„Warum lachen Sie?" fragte Eva Sturmschmieder.

„Ich mußte an meinen Onkel Hans denken. Sie können jetzt den Zusammenhang nicht verstehen. Ich werde ihn später erklären; vielleicht. Also, dieser reichlich kauzige Onkel schenkte jedenfalls seiner Frau, meiner guten Tante, zum 50. Geburtstag ein Gereime. Mit der Schlußzeile meinte er sich selbst. Sie könnte als Überschrift für unsere Waldfahrt passen:

‚. . . Trümmer.
und der alte Esel wird nur ümmer dümmer!'"

Mein Ahnherr Kirwo: Warum jagen wir?

Die in der Überschrift gestellte Frage ist durchaus berechtigt. Wir leben in der Bundesrepublik mit einem Überangebot von Konsumgütern. Bedrohliche Raubtiere sind ausgestorben. Weswegen nehmen sonst auf Bequemlickeit bedachte Leute der Jagd wegen Strapazen in Kauf: Bei glühender Hitze im Sommer lassen sie sich von Mücken und Fliegen umsummen, zehn Grad Kälte werden ohne Murren ertragen. Unentwegte bekommen es sogar fertig, zu sittenwidrig früher Stunde das Schlafgemach mit der schlummernden Gattin zu verlassen, um anschließend – womöglich in grauem Nieselregen – überhaupt nichts zu erleben. Und am nächsten Wochenende wird unverdrossen das gleiche exerziert! Im folgenden werden einige Antworten auf die Titelfrage gegeben.

„Der Arzt hat mir viel Bewegung im Freien verordnet. Nachdem ich mir beim ersten Skilaufversuch den Knöchel gebrochen hatte, bin ich lieber Jäger geworden. Das ist weniger gefährlich.“

❁

„Unser Abteilungsleiter ist ein Sadist. Über meine häuslichen Verhältnisse rede ich nicht. Aber wenn ich den Hut mit dem Abzeichen und der Erpelfeder aufsetze und das Gewehr auf die Schulter nehme, dann bin ich ein ganzer Mann.“

❁

„Besser als in einem unpersönlichen Büro oder einem zu lauten Lokal lassen sich günstige Geschäftsabschlüsse auf einem Hochsitz besprechen. Bekommt der zukünftige Partner einen leidlichen Bock frei, ist diese Ausgabe vergleichsweise gering."

❀

„Heute bin ich ein sehr anspruchsvoller Jäger. Unter 6 Kilo oder 300 Gramm interessiert mich nichts."

❀

„Meine Hunde! Daß ich die täglich arbeiten lassen und für die nächste Suche in Höchstform bringen kann, dazu muß man schließlich Jäger sein. Sie kennen doch meinen Zwinger: ‚Ungestüm vom Donnersberg'?!"

❀

„Schon als kleiner Junge war ich ein blendender Schütze. Gleich nach dem Vorbereitungskurs wurde ich Jugendmeister. Und jetzt führe ich über jede abgeschossene Patrone Buch. In der letzten Jagdzeit hatte ich ein Trefferergebnis von . . ."

❀

„Das Schießen ist nicht das Wichtigste, aber das kameradschaftliche Zusammensein mit den lieben alten Freunden und das erste Glas, nachdem man sich draußen den richtigen Durst angelaufen hat! All' das lohnt schon, den Jagdschein immer wieder zu erneuern."

❀

„Wissen Sie, ich bin geschäftlich erfolgreich und besitze so ziemlich alles, was man sich wünschen kann: Eine komfortable Wohnung hier in der Stadt mit der dazu passenden Gattin und das Sommerhaus an der See. Die zünftige Jagdhütte war die naheliegende Abrundung."

❁

„Ich bin ein Naturliebhaber und genieße die jeweilige Stimmung: Der schlanke Rehbock auf der Waldwiese, der Bogenflug des balzenden Taubers über dem goldenen Weizenmeer, der Brunftschrei des Hirsches in der Farbensymphonie des Herbstwaldes . . . Ich bin ein großer Naturliebhaber."

❁

„Nach Ausrottung des wehrhaften Raubwildes in unserer Heimat ist es geradezu eine ethische Aufgabe, durch einen sorgfältig durchgeführten Abschuß einen zahlenmäßig beschränkten, aber artenreichen Wildbestand bzw. -besatz zu erhalten. Sie müssen sich im Einklang mit den Belangen der Forst- und Landwirtschaft befinden."

❁

So weit, so gut! Jede schöne Leserin, jeder aufmerksame Leser werden unschwer bemerkt haben, daß bisher verschieden veranlagte Weidmänner in lustiger Übertreibung karikiert wurden. Ein eingefleischter Gegner der Jagd hat es fertiggebracht, mehrere dieser Absätze als pure Wahrheit zu zitieren. Die folgende Geschichte findet sich in seinem Buch wohlweislich nicht. Das Ganze ist ein Beispiel, wie man mit einem aus dem Zusammenhang gerissenen Text einen ganz falschen Eindruck erwecken kann.

❁

Recht einfach zu erklären ist, warum *ich* als Sechsjähriger mit dem im Park geschnittenen Flitzbogen und den holunderbeschwerten Rohrpfeilen anfing, ein paar Jahre später als Luftgewehrschütze den ersten spatzenähnlichen Vogel erlegte und als dreizehnjähriger Jagdscheinbesitzer dreihundertfünfundsiebzig ‚Kreaturen' erlegte; von der Bekassine, über den Birkhahn bis zum Rehbock, zu denen in den nächsten Jahren Damschaufler und Rothirsch dazukamen. Obwohl sich unter den Eltern und den überschaubaren Vorfahren kein Jäger befand, erklärt sich die ungestüme Jagdleidenschaft leicht:

In einem entsetzlich strengen Winter war die Rotte am Verhungern. Da sah mein Ahnherr Kirwo morgens einen Rotspießer, der sich in einer dichten Buschpartie einstellte. Kirwo prüfte minutenlang den Wind und erwog alle Möglichkeiten minutenlang. Dann holte er seine drei Lieblingsfrauen, Fra, Fro und Fru, aus der Höhle und erklärte ihnen genau: „Da ich, da Hirsch, da du, da du, da du!" Die Frauen verstanden augenblicklich und machten sich auf den weiten Weg, um den Einstand des Hirsches zu umrunden und ihn richtig hochzumachen.

Kirwo bezog seinen Stand hinter einem Weidenstrauch. Hier am Hauptwechsel hatte der Jäger halben Wind. Als der Spießer endlich angetrollt kam, hob Kirwo schleichend langsam den Speer. „Gut treffen, sonst morgen verhungert", dachte der Mann. „Näher lassen! Näher! Noch näher . . . jetzt!" Der Speer drang hinter der letzten Rippe bis zur Leber ein. Kirwo schrie: „Heee!"

Die Frauen kamen gerannt, gerast. Sie sahen die leuchtenden Schweißtropfen im Schnee. Man mußte sofort folgen, damit nicht die Wölfe als erste am kranken Hirsch waren. Die vier Menschen hetzten hinterher. Als sie ihn mit gesenktem Haupt stehen sahen, kreisten sie ihn ein. In

Erinnerungen an eine
Hirschbrunft

kurzer Zeit war er zur Strecke gebracht. Die Menschen röchelten mit letztem Atem: „Häää!“

Beim Heimweg trug Kirwo nur den Speer. Die vor ihm gehenden Frauen trugen den Hirsch. Dabei sangen sie ein neues, soeben erfundenes Lied: „Kirwo ist der größte Jäger. Der Hunger wühlte in unserem Leib. Kirwo besiegte den Hunger. Kirwo, unser Retter, ist der allergrößte Jäger.“ Dieses Lied sangen sie unaufhörlich, auch noch in der Höhle beim frisch entfachten Prasselfeuer.

Dann wurde gegessen, bis die Bäuche endlich wieder rund aus den eingefallenen Körpern herausragten. Hinterher winkte Kirwo seine drei Lieblingsfrauen zur Nachfeier auf das Lager von Fellen und Decken.

Eine von ihnen hat im Herbst den kleinen Kirwo geboren, der in meiner Ahnenreihe an der nächsten Stelle steht. Der Augustinermönch Mendel erklärte mit seinen Versuchen an weiß- und rotblühenden Bohnen, was es mit der Vererbung auf sich hat. Bei den Vorfahren aus der Steinzeit muß sich bei einzelnen Nachkommen immer wieder der Hang, ja, der Zwang zum Jagen zeigen.

Dabei ist anzumerken, daß man im Alter bevorzugtes Wild lieber lebendig als tot besitzen möchte. Das wird poetisch „hegen“ genannt, und man kommt sich dabei ein bißchen großartig vor. Bei genauer Betrachtung ist es natürlich genauso selbstsüchtig wie Erlegen, nur etwas verfeinert.

Die Frauen in den hunderttausend Jahren vor diesem Erlebnis und in den zehntausend danach haben Kinder bekommen, die zu Ahnen aller echten Jäger wurden. Erfolgreiche Jagd bedeutete Beute machen, und das hieß: Überleben.

Die Gräfin

Ein Revierherr, wie man ihn sich nicht erfreulicher wünschen kann, führte mich vor etlichen Jahren eine Woche lang, bis ich den mir zugedachten guten Bock bekam. In den langen Ansitzstunden erzählte er die folgende Geschichte:

Als unsere Truppenverbände im Frühjahr 1944 schon auf fast allen Kriegsschauplätzen große Schwierigkeiten hatten, die Überlegenheit des Gegners abzuwehren, sah es bei uns in Kurland noch nicht so hoffnungslos aus. Unser Bataillon – oder was davon nach den vorausgegangenen schweren Kämpfen übriggeblieben war – hatte man im abgelegensten Landesteil sozusagen links liegen gelassen. Wir waren dem Feind nicht wichtig genug, um uns anzugreifen.

Der Stab, dem ich als jüngster Offizier angehörte, lag auf einem der Riesengüter, das früher mal einem baltischen Baron gehört hatte, bis er von der Revolution vertrieben wurde. Die Verpflegung war erträglich. So genossen wir die uns geschenkte Galgenfrist nach besten Kräften, um uns zu erholen und auf kommende Strapazen vorzubereiten.

Mein Kommandeur war ein Oberst, der auf verschiedenen Kriegsschauplätzen schwere Verwundungen hatte hinnehmen müssen. Vermutlich hätte er seine Entlassung durchsetzen können, aber er war nun einmal Berufssoldat mit Leib und Seele. Jeden Morgen pflegte er mit einer beschwichtigenden Geste der rechten Hand – die andere hatte er im Frankreichfeldzug verloren – zu sagen: „Meine Herren, bitte, leise auftreten! Nur nicht auffallen, weder bei unseren werten Vorgesetzten, noch bei unseren werten Gegnern, bevor dieser Sch . . . krieg zu Ende ist."

Mit großer Gewissenhaftigkeit wurden in unserem Geländeabschnitt die Wachen eingeteilt und kontrolliert. Darüber hinaus war sich jeder selbst überlassen. Zufälligerweise war ich der einzige Jäger unter den Offizieren. Sofort hatte ich einen alten Buschwächter aufgetrieben, der leidlich deutsch sprach. Durch kleine Gefälligkeiten wurde sein ursprüngliches Mißtrauen bald überwunden.

„Nehmen in acht vor Ljuba Petrowna, Pan Leutnant", sagte er einmal mit gedämpfter Stimme zu mir, obwohl weit und breit kein Lauscher vorhanden war. Ich holte das Zigarettenpäckchen hervor, zählte seinen Inhalt und gab nach einem kurzen Kampf mit der Selbstsucht dem alten Mann drei der begehrten Stäbchen. „Warum soll ich mich vor Ljuba Petrowna in acht nehmen?" Ein paarmal war ich der nicht mehr jungen, aber immer noch schönen Frau zwangsläufig begegnet. Sie wohnte in dem Kavaliershäuschen; dieses war rechtwinklig an das ehemalige Gutsgebäude angefügt, das für uns beschlagnahmt war. Wahrscheinlich hatte ich sie mit dem hungrigen Blick des Frontsoldaten gemustert. Mein Himmel! Wenn man monatelang in Dreck und Kälte liegt und die Kameraden um einen herum verwundet oder totgeschossen werden, dann sieht man jede Frau so gierig an, auch wenn sie einem unerreichbar bleiben muß.

Ljuba Petrownas blasse, von dunklem Haar umrahmte Züge wurden bei solchen Begegnungen sofort eisig. Sie erstarrten zu einer Maske nicht einmal der Ablehnung, des Hasses oder der Verachtung. Nein, die mir begehrenswert erscheinende Frau tat jedesmal so, als wäre ich nicht vorhanden. „Was, zum Teufel, ist mit ihr los?", drängte ich das verhutzelte Männchen, das immer noch beharrlich schwieg.

„Es ist nicht gut, darüber zu sprechen, Pan Leutnant."

„Es ist gut zu reden mit einem, der schweigen kann." Unwillkürlich ahmte ich die kurzen Sätze des Einheimischen nach.

„Vielleicht es sein gut, vielleicht es sein nicht gut."

Pjotr Ozolinsk blinzelte auf die Zigaretten hinunter, die er geradezu fürsorglich in seiner gewölbten braunen Pfote hielt. Dann gab er sich einen Ruck: „Name sein falsch. Kommissar früher vielleicht alles gewußt. Sicher eine feine Dame, vielleicht Gräfin, wenn auch ohne großes Gut und Geld. Mag gedacht haben, daß Gräfin paßt schlecht zu neue Zeit in Rußland. Kam vielleicht aus andere Gegend, ging in andere Gegend, nahm anderen Namen. Nur Gott kann wissen, der sein soll abgeschafft?"

„Du glaubst noch an Gott?"

„Pan Leutnant, kann nicht schaden, wenn man glaubt noch an Gott, aber leise, bloß innendrin."

„Erzähl weiter!"

„Hatte damals, als deutsche Soldaten kamen, nur den einen Sohn, hübschen Jungen von vierzehn, fünfzehn Jahren. Wurde gleich totgeschossen am ersten Tag. Eine sagen, war aus Versehen, andere sagen, hatte Jagdgewehr in Hand, als deutsche Panzer kamen. Ich nicht wissen. Ich damals in Vorwerk, zwanzig Werst von hier. Ganz egal, wer Kugel in Brust kriegt, ist tot, egal warum. Mutter, die wo sich Ljuba Petrowna nennt, war, wie soll ich sagen, lange wie aus Stein, lange Zeit. Und ihr Herz, ich denken, wird jetzt noch sein aus Stein, überhaupt wenn sie sieht deutsche Soldat. Deswegen ein bißchen in acht nehmen."

Mit einem tiefen Seufzer, der die ungewöhnliche Länge seiner Rede unterstreichen sollte, entschloß sich der Buschwächter dazu, eine der Zigaretten in eine selbst geschnitzte Spitze zu stecken und anzuzünden; nicht ohne daß er vorher des längeren gehustet und kräftig ausgespuckt hatte.

„Du meinst", sagte ich so vorsichtig wie möglich, „daß diese Ljuba Petrowna mit denen drüben in Verbindung steht?" Ich war lange genug in Rußland, um zu wissen, daß es überall Patrioten oder Partisanen gab. So wurden den regulären Truppen durch geheime Kanäle wichtige Nachrichten zugespielt. Natürlich wagten die Fanatiker stündlich ihr Leben, wenn ihre für uns so gefährliche Tätigkeit auch nur schwer nachzuweisen war.

Der Buschwächter hob abwehrend beide Hände. „Die heilige Mutter Gottes soll mich davor bewahren, daß ich so etwas Schlimmes sage. Der Pan Leutnant soll vergessen, was alte Pjotr Ozolinsk hat dummes Zeug gesprochen. Sprechen wir lieber von große Rehbock, der bald, in zwei, drei Wochen vielleicht, wird blanke Stangen haben – so lang." Dabei wurde mit den Händen eine Länge von mindestens 30 Zentimeter angedeutet, die bei dem unwahrscheinlich starken kurländischen Wild nicht einmal übertrieben zu sein brauchte.

Ich hatte das bestimmte Gefühl, daß den Alten keine Macht der Erde veranlassen würde, mir weitere Andeutungen über die verdächtige Bewohnerin des Kavaliershäuschens zu machen. Zu leicht konnte ihm seine Geschwätzigkeit gefährlich werden. Deswegen ging ich willig auf den neuen Gesprächsgegenstand ein. Ich hatte den Bock einmal bei schwindendem Licht bewundert und hoffte nur, daß wir lange genug in der Gegend bleiben würden. Sobald er gefegt hatte, würde ich keinen Tag zögern, um die einmalige Trophäe zu besitzen.

❀

Am Nachmittag sah ich aus dem Fenster meiner ebenerdigen Stube, wie Ljuba Petrowna zum Hofbrunnen ging, der allein brauchbares Wasser lieferte. Wie alle Frauen der Gegend hatte sie ein großes Tuch um die Schultern gelegt. Nur am aufrechten, ich möchte sagen: stolzen Gang erkannte man bei genauem Beobachten, daß es sich nicht um eine der abgerackerten Bäuerinnen handelte, die sich anschickte, die beiden Eimer zu füllen. Es ist allerdings auch möglich, daß ich mir den Unterschied nur einbildete, nachdem mich der Buschwächter aufgeklärt hatte.

Einer plötzlichen Eingebung folgend, warf ich den Mantel um und griff zur Mütze. So harmlos wie möglich schlenderte ich in den Hof und blieb an der mächtigen Linde stehen, die wohl schon zwei Jahrhunderte auf die niedrigen, aber weitläufigen Gutsgebäude hinabgeblickt hatte. Genau wie die anderen Frauen trug Ljuba Petrowna die schweren Eimer mit Hilfe eines auf den Schultern liegenden Holzes, an dessen Enden sich zwei kurze mit Haken versehene Ketten befanden. Es war im Gegensatz zu den üblichen zierlich aus hellem Holz geschnitzt. Ohne aufzublicken, wollte sie an mir vorübergehen. Sie gab sich den Anschein, als müßte sie, um nicht zu stolpern, genau auf den Weg achten. Mit einigen langen Schritten ging ich auf die Tür des Kavaliershäuschens zu, öffnete sie und sagte: „Bitte sehr, Gräfin!“

Sie stutzte und sah mich nun doch an. In ihren dunklen Augen stand Erschrecken, wahrscheinlich sogar Angst. Sie schwankte, ob sie wortlos weitergehen oder mir für die geringe Gefälligkeit danken solle. Nach kurzem Zögern entschloß sie sich zu einer Antwort: „Ich danken Ihnen. Ihre Anrede verstehe ich nicht.“ Sie sprach ein hartes, langsames Deutsch, das ich nicht nachzuahmen versuche, es würde doch keinen richtigen Eindruck vermitteln.

„Gräfin“, sagte ich so höflich wie möglich, „da ich Ihre Herkunft und Geschichte kenne, halte ich es für unaufrichtig, mein Wissen verbergen zu wollen. Darf ich versichern, daß Ihnen meine uneingeschränkte Anteilnahme gehört?!“

Ihre Züge zuckten in heftiger Unruhe. Sie trat in den Hausflur und setzte die Eimer ab. Fast sah es so aus, als wollte sie fliehen. Dann drehte sie sich aber um und blieb in der altersgrauen Türfüllung wie in einem Rahmen mir zugewandt stehen. „Ich weiß nicht, wer Ihnen Märchen über mich erzählt hat. Jedenfalls irren Sie sich, wenn Sie jetzt meinen, mich durch eine Überraschung gefangen zu haben.“

„Ich wollte Sie nicht fangen, Gräfin, wenigstens nicht in einer schlimmen Bedeutung des Wortes.“

Sie schenkte meinen beruhigenden Worten keine Beachtung. „Vielleicht haben Sie die Absicht, mich erschießen zu lassen. Bei einer Frau, von der Sie behaupten, daß sie unter falschem Namen lebt, wäre ja ein Vorwand gegeben.“

„Versuchen Sie, bitte, für eine Minute zu glauben, daß kein Feind zu Ihnen spricht. Ich geben Ihnen mein Ehrenwort, Gräfin, so lange werde ich Ihr Inkognito respektieren, wie Sie mir diese Rücksichtnahme ermöglichen.“ Ohne es mir vorher zurecht gelegt zu haben, gebrauchte ich Redewendungen, die nur von einer Gebildeten verstanden werden konnten. Erst später wurde mir klar, daß ihr unwillkürliches Eingehen den sicheren Beweis lieferte, wie zutreffend die Ansicht des Buschwächters war.

Not und Schmerz hatten unverwischbare Spuren in ihren Zügen hinterlassen. Trotzdem besaßen die großen, beredten Augen und der fein geschwungene Mund noch immer eine starke Anziehungskraft. Allerdings verschmähte es die Gräfin, diese typisch weiblichen Waffen anzuwenden. Ich fühlte, daß sie sich lieber einem Verhör mit ungewissem Ausgang unterwerfen würde, als mir einen koketten oder gar verheißungsvollen Blick zu schenken. Sie neigte ein wenig den Kopf. Dabei bemerkte ich, daß in der unter dem hellen Tuch hervorgerutschten Strähne einige Silberfäden zwischen das schwarze Haar gemischt waren. Sie machte eine Bewegung, als wollte sie die Wassereimer ergreifen, besann sich dann aber. Noch einmal sah sie mich an, wobei ein wehmütiges Lächeln um den blassen Mund zuckte: „Qui vivra, verra!“ Mit dem in fehlerfreiem Französisch ausgesprochenen Sprichwort, gab sie sich bewußt in meine Hand.

Ich deutete eine Verbeugung an. „Inständig bitte ich Sie, in den Tagen unseres Aufenthaltes, die möglicherweise gezählt sind, nichts zu unternehmen, was uns – und damit auch Sie – gefährden könnte.“ Dann gab ich den eindringlichen Ton auf: „Vergeben Sie mir, Gräfin, daß ich Ihnen die Eimer nicht ins Haus getragen habe, wie es in Friedenszeiten selbstverständlich wäre. Unter heutigen Umständen würde es auffällig wirken.“ Jetzt lachte sie zum ersten Mal. Wie im bewußten Spiel mit der Gefahr antwortete sie abermals in der von jeder gebildeten Russin des alten Regimes beherrschten Sprache: “C’est la guerre, M. le lieutenant.“

❀

Selbstverständlich mußte ich dem Bataillonskommandeur melden, daß ich den begründeten Verdacht hegte, die angebliche Ljuba Petrowna sei eine andere, vor der man mich obendrein gewarnt habe. Ich vermied es aber, die Quelle meines Wissens anzugeben. Der Oberst sah mich mit müden, alten Augen an: „Herr, zehntausend oder mehr Iwans warten hinter dem großen Wald darauf, uns den Garaus zu machen. Tausend oder mehr Partisanen um uns herum haben die gleiche löbliche Absicht. Das ist doch wohl klar?“

„Jawohl, Herr Oberst.“

„Jeder ist verdächtig und jede. Ich kann nicht mehr tun, als immer wieder zu predigen: ‚Herrschaften, paßt auf wie die Schießhunde! Eine Nachlässigkeit kann uns allen das Genick brechen! Schön und gut, Sie sagen, die Frau sei verdächtig. Soll ich sie etwa einsperren lassen? Herr, dann müßten wir mehr Menschen ins Loch stecken, als wir mit unseren paar Männekens bewachen könnten.“

„Ich hielt es für meine Pflicht . . .“

„Jawohl, selbstverständlich! Ich vermerke: Sie ist verdächtig. Wir werden auf sie aufpassen und uns freuen, dabei wenigstens eine schöne Frau ansehen zu können. Sie ist doch schön? Oder sind Sie anderer Ansicht?“

„Schön, aber kalt.“ Das zweite Wort war sicherlich falsch gewählt, aber ich wollte damit „unerreichbar“ andeuten.

„Das ist ihre Sache“, sagte der Oberst. „Machen Sie mal die Schranktür auf. Im obersten Regal steht die letzte Schnapszuteilung. Es müßte für jeden noch ein Glas geben. Weg mit Schaden! Schmeckt ja doch wie verdorbener Diesel. Was machen Sie am Nachmittag? Früh in die Klappe gehen oder wieder Kopf und Kragen riskieren?“

„Wenn Sie gestatten, würde ich gern in Solanca nachsehen, ob da schon ein Birkhahn balzt.“

Der Oberst warf einen Blick auf die mit Reißzwecken an die Wand geheftete Karte. „Das sind 12 Kilometer. Natürlich wollen Sie die Nacht dort bleiben?"

„Riesig gern. Die Frühbalz ist am aussichtsreichsten."

„Wissen Sie, Ihr wertes Leben könnte man ja draufgeben. Aber wenn Sie mit Tod abgehen, muß ich beim siegreichen Endkampf auf Ihre geschätzte Teilnahme verzichten und auf die von Buchwald. Der soll doch vermutlich mit von der Partie sein?"

„Jawohl, Herr Oberst. Aber wir kommen bestimmt zurück." Schnell überschlug ich die Zeit. Hier im Norden wurde es schon gegen vier Uhr hell. „Schlag sieben melde ich mich bei Ihnen."

„Schon gut." Neuer Blick auf die Karte. „Besuchen Sie auf der Rücktour die Wassermühle und sagen Sie den Leutchen da ‚guten Morgen'. Dann hat der Ausflug wenigstens einen dienstlichen Anstrich. Herr, haben Sie noch nicht eingeschenkt? Über Ihrer blödsinnigen Jagd vergißt der Mensch jeden erteilten Befehl. Wie lange soll ich denn noch warten?"

Ich beeilte mich, die Gläser mit einem Handtuch zweifelhafter Beschaffenheit auszuwischen und sie zu füllen. Der Oberst griff zu, als gälte es, lange Versäumtes so schnell wie möglich nachzuholen. „Also, dann Hals- und Beinbruch!" Seine Augen unter den müden Lidern sahen mich mit einem Blick an, daß mir das Herz warm wurde. „Gehorsamsten Dank, Herr Oberst!"

❀

Feldwebel Buchwald war vor dem Krieg Jagdaufseher in der Lüneburger Heide gewesen. Als sehr passionierter und geradezu gerissener Jäger suchte er wie ich jede sich bietende Gelegenheit, um nach dem vorhandenen Wild zu sehen. Wenn der Bestand auch nach unseren Begriffen jammervoll gering war, so entschädigte die Stärke der einzelnen Stücke vollauf für diesen Mangel. Vor kurzem waren auf einer großen Wiese zwei anscheinend herrenlose Pferde leichten, aber nicht unedlen Schlages aufgetaucht. Buchwald war sofort hell begeistert: „Die kaschen wir uns, ehe die Panjes sie sich unter den Nagel reißen! Dann sind wir beweglich!“ Mit kaum vorstellbarer Geduld näherte er sich den Halbverwilderten immer wieder aufs neue, wobei er etwas zu diesem Zweck mitgebrachtes Heu in der ausgestreckten Hand hielt. Mit Engelsgeduld sprach er dabei schmeichelnd auf sie ein.

Ich hatte das Rennen längst aufgegeben und saß, abwartend und mit nie ganz schlafendem Argwohn die Umgebung musternd, am Waldrand.

Nach schier endloser Zeit wagte es die ein wenig zutraulichere Stute mit ganz langem Hals am Heu zu schnuppern und mit vorgewölbten Lippen einen Bissen zu ergreifen. Jetzt hatte Buchwald gewonnenes Spiel. Nach weiteren zehn Minuten waren beiden Pferden die Halfter übergestreift, woraufhin sie uns willig folgten.

Später durchstöberten wir so lange die umliegenden Höfe, bis wir zwei noch verwendungsfähige Sättel aufgetrieben hatten. Jetzt war unser Aktionsradius erheblich vergrößert. Denn – so reizend unser Oberst sonst war – für Jagdfahrten bewilligte er keinen Liter des kostbaren Sprits. Jede darauf abzielende Bitte lehnte er mit der – zugegebenen – berechtigten Antwort ab: „Ich habe keine Lust, mich vom Iwan vorfristig einfangen zu lassen, weil wir unsere paar Fahrzeuge wegen leergefahrener Tanks stehenlassen mußten. Für euer Allotria geht ruhig zu Fuß. Dann behalte ich euch wenigstens einigermaßen in der Nähe.“ Nun, nach dem geglückten Pferdefang war die Zeit langer Fußmärsche vorüber.

❀

Solanca war eines der üblichen armseligen russischen Dörfer, die ehemals als Vorwerke zu einem der großen Güter gehört hatten. Als wir gegen zwei Uhr nachmittags angeritten kamen, erlebten wir das Übliche. Bis auf mehrere magere Köter, die uns giftig anblafften, war kein Lebewesen zu erblicken. Hinter einer windschiefen Kate verriet das törichte Gakelschrei eines Huhnes, daß der bei jeder Soldateska begehrte Bratenlieferant gefangen und dort eingesperrt wurde, wo er seines Lebens sicher war.

Mit Kennerblick fand Buchwald das vom Starosten bewohnte Haus. Wir saßen ab. Während ich die Pferde hielt, ging mein Kamerad hinein. Die Tür war so niedrig, daß er sich bücken mußte. Nach einiger Zeit kam er mit einem ältlichen, finster blickenden Mann zurück. „Das ist der Bürgermeister."

Langsam und jedes Wort deutlich aussprechend, sagte ich: „Wir wollen nichts haben, nichts essen, kein Futter für die Pferde, keine Leute zum Arbeiten. Wir wollen Birkhahn schießen. Verstehen?" Dann ahmte ich das Kollern und Zischen des balzenden Hahnes nach. Die Gesichtszüge des Mannes hellten sich auf. Er war sichtlich erleichtert über unseren keine Unannehmlichkeiten bedeutenden Wunsch. „Ich verstehen", sagte er. Mit der befehlsgewohnten Stimme des Hausherrn rief er einen etwa zwölfjährigen Jungen herbei, der ebenso pfiffig wie ungewaschen aussah. Uns wurde bedeutet, daß er uns zu einem hervorragenden Tanzplatz der Hähne führen werde.

Eine knappe halbe Stunde ritten wir im Schritt hinter unserem jugendlichen Führer her. Ihn mit aufsitzen zu lassen, hatte Buchwald energisch abgelehnt: „Jeder behalte seine Läuse für sich!“ Dann wurde der mit viel Buschwerk durchsetzte Birkenwald lichter. Unregelmäßig geformte Blößen, auf denen in der warmen Jahreszeit anscheinend das Vieh gehütet wurde, machten sich breit. Leo, so hieß der Junge, machte uns mit Zeichensprache klar, daß wir hier auf ihn warten sollten.

Für kurze Zeit verschwand er auf einem halb zugewachsenen Kuhpfad. Dann tauchte der durch verschiedene Flikken der Umgebung ausgezeichnet angepaßte Kittel mit dem blonden Haarschopf darüber auf. Die in geflochtenen Bastschuhen steckenden Füße schlugen ein Tempo an, das frohe Kunde verhieß. Mit leicht verständlichen Gesten wurde uns erklärt, daß einer mit den Pferden zurückbleiben, der andere ihm folgen sollte.

Buchwald nickte mir zu, ich möge unser zukünftiges Jagdgelände besichtigen. So schlich ich hinter dem sich geschickt bewegenden Leo davon. Wir kamen ohne Schwierigkeiten vorwärts, weil die Erde unter Heidekraut, harten Gräsern und verschiedenen Krautarten noch gefroren war. Nach zweihundert Schritt wölbte sich eine mit einzelnen Wacholdern und niedrigen, breitkronigen Kiefern bewachsene Sandscholle aus der flachen Moorlandschaft heraus. Zum Schluß tief gebückt schleichend, strebte Leo dem geringen Hügel zu. Mehrfach blieb er stehen, um mir durch Zeichen zu bedeuten, ich solle ihm so vorsichtig wie möglich folgen. Ich nickte ihm beruhigend zu, schließlich wußte ich, daß eine winzige Unachtsamkeit genügte, um das ganze Unternehmen scheitern zu lassen.

Hinter einem vom Weidevieh kugelrund verbissenen Kiefernbusch blieb Leo stehen und richtete sich, vorsichtig wie ein Indianer auf dem Kriegspfad, zentimeterweise auf.

Dann machte er eine nach vorn weisende Handbewegung und sah mich mit triumphierend aufleuchtenden Augen an.

Lautlos schob ich mich bis zu ihm vor. Ich konnte erkennen, daß hinter der Düne eine Wiese begann, unter der eine mit zahlreichem Gebüsch durchsetzte, für unsere Begriffe beklagenswert vernachlässigte Grünlandfläche verstanden werden soll. Mit dem bloßen Auge sah ich auf etwa 300 Meter mehrere schwarze Klumpen, die in einer hochragenden Altbirke saßen. Das Glas zauberte mir vier Hähne vor die Augen, die eifrig Knospen pflückten.

Eine Zeitlang genoß ich das wunderschöne Bild, dann gab ich Leo das Fernglas. Er nahm es sozusagen mit ehrfürchtigen Händen. Bestimmt hatte er noch nie Gelegenheit gehabt, aus eigener Anschauung das Wunder der Optik kennenzulernen. Er stieß einen Laut der Bewunderung aus, konnte es aber, wie die meisten Kinder, nicht unterlassen, schließlich einen Blick durch das verkehrt herum gehaltene Zauberding zu werfen. Mit der Naivität des noch ganz Unverwöhnten brach er in ein verhaltenes Gelächter aus, das nicht enden wollte. Die Winzigkeit des Bildes kam ihm zu komisch vor. Abwechselnd sah er von beiden Seiten durch die Linsen, bevor er sich zögernd entschloß, mir das Prachtstück der Technik zurückzugeben.

❀

In einem halb verfallenen, anscheinend seit Jahren unbenutzten Schafstall, der, ein gutes Stück vom Dorf entfernt, einsam am Waldrand lag, verbrachten wir die Nacht. Gegen zwei Uhr weckte mich mein Kamerad. Er hatte die beiden Braunen schon in den Stall geholt. Wir legten ihnen die Decken auf, in die wir uns über Nacht eingewickelt hatten, und sattelten. Dann ritten wir im Busch zu einer kleinen, schon am Abend ausgekundschafteten Blöße, wo sie unentdeckt grasen konnten. Wir pirschten bis zu einem niedrigen Weidengebüsch weiter, von dem aus wir die große Wiese bei Tagesanbruch übersehen konnten. Natürlich wäre es aussichtsreicher gewesen, an zwei Plätzen zu warten. Aber das Zusammenbleiben gab das gute Gefühl, bei einer möglichen unangenehmen Überraschung nicht allein zu sein. Buchwald sollte mit seinem Achtundneunziger schießen, wenn ein Hahn auf größere Entfernung balzte. Auf einen im Schrotschußbereich war ich mit einer alten, mir gut liegenden Doppelflinte an der Reihe.

Bei klarem Himmel und leichtem Bodennebel wurde es gegen Morgen bitterkalt. Mit den Zähnen schnatterten wir um die Wette. Der so viel geschmähte Schnaps mußte Kehle und Magen wärmen, bis das Fläschchen nichts mehr hergab.

Einer der seltenen Hasen knackste über Pfützeneis hinweg. Diese einzelnen Heide- oder Waldhasen sind längst nicht so vertrauensselig wie ihre schwächeren Vettern vom Rübenboden. Der Kurländer merkte auch sofort, daß etwas Fremdes, also Bedrohliches, in seinem Lebensraum aufgetaucht war. Ohne sich länger aufzuhalten, verschwand er im Morgengrauen.

Erste Kiebitzrufe und Brachvögelflöten unterbrachen die Stille. Dann hörten wir das Kullern eines Hahnes, dem aus verschiedenen Richtungen bald zwei andere antworteten. Wir konnten aber keinen von ihnen erblicken. Gegen Sonnenaufgang verstummten sie. Erst eine halbe Stunde später spielte sich der anscheinend nächste wieder ein.

„Versuchen Sie es!" sagte ich zu Buchwald. Er stand auf und verschwand so leise wie möglich.

Kann man den Ereignissen nicht mit den Augen folgen, hat das Warten auf den erlösenden Schuß einen ganz besonderen Reiz. Der Feldwebel blieb unbegreiflich lange fort, ohne daß sich die Lage geändert hätte. In immer größeren Pausen balzte der Hahn. In einem fort sah ich auf die Uhr. Unser Oberst durfte nicht durch ein Zuspätkommen verärgert werden. Ich nahm mir vor, noch zehn Minuten zu warten. Dann wollte ich den Kameraden, der über seiner Jagdleidenschaft alles übrige vergessen haben mochte, zurückrufen.

Da knallte es endlich! In der Weite der Landschaft klang der Schuß so alarmierend laut, daß ich mich ängstlich nach allen Seiten umsah, ob niemand, der Böses im Schilde führte, herbeigerufen worden wäre.

Im Laufschritt kam Buchwald zurück. Überglücklich brachte er einen alten Hahn, den er von derselben Birke heruntergeschossen hatte, auf der ich am Abend vorher die Hähne gesehen hatte. Zu langatmigem Bericht fehlte die Zeit. Wir liefen zu den Pferden, zogen den Sattelgurt fest und trabten an. Fünf Minuten vor der verabredeten Zeit erreichten wir den Gutshof.

Wir frühstückten ausgiebig und konnten bis zum hohen Mittag schlafen. Nachher wurde ich zum Brigadestab geschickt. Dort erfuhr ich über die allgemeine Lage: An verschiedenen Frontabschnitten seien schwere Kämpfe im Gange, nur bei uns rühre sich so gut wie nichts. So lächerlich es klingen mag, die kindische Hoffnung schlich sich in mein Herz, man habe uns einfach vergessen.

❀

Ein paar Tage später schien die Sonne so warm, daß ich mich auf die von einem geschickten Gefreiten gezimmerte Bank unter der Linde setzte. Nach einiger Zeit erschien die Gräfin, den Einholekorb am Arm. Augenscheinlich wollte sie zum Kramladen, obwohl es dort schon lange nichts Vernünftiges zu kaufen gab. Höchstens auf dem Tauschwege konnte man Waren einhandeln, denen man heute keinen Blick mehr schenken würde.

Für gewöhnlich ging die geheimnisvolle Frau an mir vorbei, gerade daß sie meinen betont höflichen Gruß mit leiser Stimme erwiderte. Zu meinem Erstaunen blieb sie heute stehen. Sofort hatte ich den Eindruck, daß sie mich zu sprechen wünschte. Ich stand auf und sagte etwas Naheliegendes über das schöne Wetter in dem Sinne, daß der Frühling uns endlich auch den Frieden bringen möge.

„Den Frieden?“ Die Gräfin lachte auf, es klang aber traurig. „Wir wollen nicht auf einen schnellen Frieden hoffen. Wer weiß, ob ihn einer von uns noch erleben wird.“ Sie schwieg und nestelte zögernd mit zusammengezogenen Brauen an dem bereits schadhaften Rand des aus geschälten Weidenzweigen geflochtenen Korbes.

„Sie wollen mir etwas mitteilen, Gräfin?“ fragte ich behutsam. Ich sprach mit gedämpfter Stimme. Buchwald, der unsere an die sonnenbeschienene Stallwand gebundenen Pferdchen hingebungsvoll striegelte, konnte uns nicht hören. Der aus einem Bauernhof stammende Feldwebel beschäftigte sich in jeder freien Stunde mit den geduldigen Tieren. „Ich kann mir dann einbilden, ich wäre schon zu Hause“, pflegte er zu sagen. Eine Ordonanz ging über den Hof und verschwand in maßvoller Eile auf das Dorf zu. Aus den weit geöffneten Fenstern der Küche klang das Pfeifen des Kochs. Sein Repertoire umfaßte ein halbes Dutzend Schlager, die unermüdlich wiederholt wurden. „Sie dürfen unbesorgt sprechen, Gräfin“, sagte ich. „Sie wissen, daß ich Ihnen nicht schaden will.“

„Ich weiß es.“ Endlich überwand sie sich, ihre großen, schwermütigen Augen, die ihrem Gesicht Leben schenkten, auf mich zu richten. Es war – diesen Eindruck hatte ich zum mindestens – ein geheime Sorge verratender Blick.

Im Gegensatz dazu schlug sie einen leichten Ton an. „Was ich Ihnen sagen wollte, kann jeder hören. Mir wurde mitgeteilt, daß bei Mathildenau – den Namen hat man dem Dorf nach der Besetzung gegeben – gestern sehr viele Schnepfen eingetroffen sind. Ich möchte Ihnen raten, sofort dorthin zu reiten. Wer weiß, wie lange sie dort bleiben werden.“ Den letzten Satz hatte sie offensichtlich angefügt, als sie meine Verblüffung über die verwunderliche Botschaft bemerkt hatte.

„Woher wissen Sie das, Gräfin?“ Mathildenau lag, so weit ich mich erinnerte, 15 Kilometer im Hinterland, also dort, wo wir den Feind nicht vermuteten.

„Vorhin erfuhr ich es von einem Mädchen, das zum Geburtstag ihrer Patentante herübergekommen ist.“ Die Antwort erfolgte so schnell, als wäre sie schon zurechtgelegt worden.

So bereitwillig ich sonst jede sich bietende Jagdgelegenheit zu ergreifen pflegte, so kam mir diesmal der Vorschlag irgendwie unglaubhaft, wenn nicht gar irreführend vor. Deswegen sagte ich ablehnend: „Die Nachricht klingt recht unbestimmt. Außerdem können sie auch schon in der Nacht weitergezogen sein. Offen gestanden . . .“

Gegen ihre Gewohnheit unterbrach mich die Frau, deren richtigen Namen ich nicht kannte. „Entschuldigen Sie, Herr Leutnant, ich möchte Sie geradezu darum bitten, zur Schnepfenjagd zu reiten. Ich . . .“ Sie sprach hastig. Auch war zu merken, daß sie Schwierigkeiten hatte, nicht ihre Muttersprache benutzen zu können. „Auf dem Gut eines Verwandten, auf dem ich meine Mädchenjahre verbrachte, wurden um diese Zeit immer von den Buschwächtern Schnepfen in die Küche gebracht. Sie sind meine . . .“ Da ihr das richtige Wort fehlte, fuhr sie nach einigem Zögern fort: „Ich esse sie überaus gern. Ich bin so unbescheiden, mit der Überlassung einer Schnepfe zu rechnen. Wer weiß, ob ich sonst noch einmal Gelegenheit finde, diese Delikatesse zu bekommen." Unwillkürlich legte sie die freie Hand auf die Brust und fügte etwas hinzu, was mir erst Tage später eingefallen ist und bis zum heutigen Tage nicht ganz verständlich wurde: „Ich bitte Sie doch wegen der Ähnlichkeit . . ."

Eine mir begehrenswert erscheinende Frau appellierte an den Jäger, ihr ein besonderes Wild zu erlegen. Dazu sagte sie noch: „Ich habe das Bedürfnis, mich für Ihre . . . Fairneß zu revanchieren."

Prompt fiel ich auf den mir vorgehaltenen Köder hinein. Trotzdem sagte ich bedenklich: „Ich weiß nicht, ob ich schon wieder Urlaub bekommen werde."

Die Gräfin lächelte entwaffnend: „Nein, nein, nein! Wenn Sie Ihrem Herrn Oberst sagen, daß ich den dringenden Wunsch geäußert habe, hat er bestimmt nichts einzuwenden. Er ist ein Kavalier der alten Schule. Seit dem Tage, an dem Sie versuchten, mein . . . Inkognito zu lüften, grüßt er mich mit besonderer Höflichkeit."

Bei den letzten Sätzen sah mich die Gräfin mit überlegenem Spott an. Ich fühlte, wie ich errötete. „Sie müssen entschuldigen, es war meine Pflicht, dem Oberst eine Andeutung zu machen."

„Ich habe damit gerechnet. Den deutschen Offizieren steht die Pflicht an erster Stelle. Deswegen habe ich Ihre Meldung nicht als Indiskretion aufgefaßt. Verlieren Sie aber jetzt keine Zeit, sonst wird es für heute abend zu spät." Sie warf mir einen Blick zu, von dem ich heute meine, daß er um Zuneigung bat.

So saßen wir tatsächlich – Buchwald und ich – noch am selben Abend rechtzeitig in einem vielversprechenden Bruch bei Mathildenau. Die polternden Einwände des Oberst hatte ich tatsächlich mit dem Hinweis auf die Eindringlichkeit der Gräfin zum Schweigen bringen können. Natürlich hatte ich auch einfließen lassen, daß Schnepfen für einen besonderen Leckerbissen gälten. Die wenigen, bisher von mir verspeisten hatten allerdings nicht halb so gut geschmeckt wie ein Rebhuhn oder eine junge Ente. Dies zu betonen, wäre aber undiplomatisch gewesen.

In Mathildenau wußte zwar niemand von einem Mädchen, das zum Tantenbesuch in unser Nest gewandert sei – wer gehe heutzutage schon ohne zwingenden Grund weit über Land – und von einem besonderen Schnepfensegen sei auch nichts bekannt. Aber ein paar wären früher, als es noch Jäger gab, die sich um einen so winzigen Braten bemühten, immer an einer gewissen Stelle im Bruch geschossen worden. Um uns so schnell wie möglich loszuwerden, wurde der nicht zu verfehlende Platz genau beschrieben.

Halbhoher Birkenwald, aus dem vermutlich immer die stärksten Stämme zu Brennholz herausgeschlagen worden waren, grenzte an eine mit niedrigen Sträuchern bestandene Blöße. Jeder an ein Stämmchen gelehnt, sahen wir unseren friedlich grasenden Pferden zu. Der Rauch der Zigaretten zerflatterte in dem nur schwach zu verspürenden Abendwind.

„Die Petrowna hat uns absichtlich fortgeschickt“, sagte Buchwald schon zum zweiten Mal. „Irgend etwas ist faul. Denn es gibt kein Mädel, das von Schnepfen erzählt hat. Wir müssen verdammt aufpassen.“

„Wir müssen immer verdammt aufpassen. Aber daß sie es schlecht mit uns meint, glaube ich nie und nimmer.“

„Die Frauen sind zu allem fähig."

„Mein lieber Buchwald! Sagen Sie nichts gegen die Frauen. Noch nie im Leben bin ich von einer enttäuscht worden."

Der Feldwebel lachte überlegen. „Sie sind eben noch zu jung, Herr Leutnant! Abwarten! Bei uns zu Hause war ein Mädchen, das es mit allen und jedem hielt, ein schneidiges Mädel, ein zu schneidiges. Als sie merkte, daß sie doch mal Pech gehabt hatte, kaschte sie sich schleunigst einen reichen Heini, mit dem sonst nicht viel los war, ich meine, im Kopf. Es gab eine große Hochzeit. Und in den Jahren danach trieb sie es nicht viel besser als zuvor. Zum Schluß hatte sie drei kleine Gören, und ich möchte wetten, daß jedes Mal ein anderer Vater war. Aber der Manfred Sauer, der sie geheiratet hatte, glaubte steif und fest, es sei alles sein Fabrikat. Bleiben Sie mir mit den Frauen vom Leibe!"

Ich zuckte die Achseln. „Wenn er ein Heini war, soll er zufrieden sein, daß ihm andere zu gescheiten Kindern verholfen haben. Ich mach' die Wette, daß uns heute nichts passiert. Und die Hauptsache ist, daß die Schnepfen kommen."

„Ich wette nie, das wissen Sie ja. Aber ich denke, wir können uns so langsam aufstellen."

Buchwald hatte sich von einem Genesungsurlaub seine Flinte mitgebracht. Dabei betonte er allerdings mehrfach, er schösse mit Schrot schlecht, weil er zu wenig Übung habe. Inwieweit das den Tatsachen entsprach oder dem Aberglauben, nur ja nichts berufen zu wollen, blieb undurchsichtig.

Hundert Schritt auseinander bezogen wir unsere vorher ausgesuchten Plätze. Jagt man in unbekanntem Gelände, wird der Erfolg kaum so groß sein wie in einem von geschulten Jägern betreuten Revier. In meinem ersten

Jagdjahr hat mich einmal ein Forstmeister auf einen Schnepfenstand gestellt, den er nach mehreren Blicken auf die jenseits des Gestelles befindlichen hohen Baumkronen auf den Meter genau bestimmte. Tatsächlich stand ich goldrichtig und kam dreimal zu Schuß; ohne Erfolg, wie ich zugeben muß.

Ist man dagegen in einer fremden Umgebung ganz auf sich gestellt, muß man sich allein von seinem im besten Sinne primitiven Jägerinstinkt leiten lassen. Um so mehr freut nachher ein geglückter Schuß.

Wir hatten keine Ahnung, wo die Schnepfen ihre beliebten Flugschneisen haben würden. So blieb uns nichts weiter übrig, als dem Erfahrungssatz zu vertrauen, sie besäßen eine ausgesprochene Vorliebe für den Waldrand. Wählten wir demnach unsere Stände etwa fünfundzwanzig Schritte von den Birken entfernt, konnten wir bequem zu den Baumkronen hinaufschießen.

Nach einiger Zeit des angestrengten Harrens und Lauschens, glaubte ich rechts von mir auf der Blöße eine Bewegung wahrzunehmen. War es ein Hase oder gar ein Fuchs? Ich überlegte schnell, ob die Aussicht auf einen Hasenbraten die eigenmächtige Aufhebung der Schonzeit rechtfertigen könnte. Dann sagte ich mir aber, wie beschämend es wäre, eine Häsin umzubringen, die gerade gesetzt hatte oder kurz vor dem freudigen Ereignis stand. Für eine Fähe galt das gleiche. Konnte ich jedoch einen Rüden erkennen – beispielsweise wenn er sich nach Hundeart mit erhobenem Hinterlauf löste – wollte ich nicht zögern. Hier im Osten war der Balg bestimmt noch brauchbar.

Meine Vermutung traf nicht zu. Nach einigem Warten kam eine wildkatzenfarbene Hausmieze angeschlichen. Sollte ich? Nein! Hier in der Fremde wäre es keine beispielhafte Hegetat gewesen, sondern pure Schießgier. In solchen

Zweifelsfällen muß ich immer an Fritz Reuter denken. In einem seiner plattdeutsch geschriebenen Bücher heißt es: „De Murd, de Murd, de gruglig Murd!" Nein, ich wollte keinen grausigen Mord begehen. Mochte sie oder vielmehr er, denn der breite Schädel ließ auf einen Kater schließen, Mäuse, Kleinvögel oder, wenn es hoch kam, einen Junghasen fangen. Hunger tut weh, das wußte ich aus eigener Erfahrung. Vermutlich wurden Dorfkatzen wenig oder gar nicht gefüttert. Wer konnte es ihnen verargen, wenn sie zu ihrer Raubtiernahrung zurückfanden. Trotz dieser toleranten Einstellung konnte ich es mir nicht verkneifen, sie auf wenige Schritte heranzumäuseln. Mit einer drohenden Bewegung jagte ich ihr dann einen Mordsschreck ein. Mit langen, lautlosen Fluchten verschwand sie in der von Minute zu Minute tiefer werdenden Dämmerung.

Immer ungeduldiger suchten meine Augen die Birkenwipfel vor dem leider viel zu klaren Abendhimmel ab. Das für einen guten Strich erhoffte Wetter war es nicht. Angespannt lauschte ich in das langsam verstummende Amselflöten hinaus, ob nicht endlich der ersehnte Ruf ertönen würde. Umsonst, kein dunkel vorbeistreichender Schatten war zu erspähen, kein scharfes Piwitt zu vernehmen. Auch bei meinem Kameraden blieb alles still. Lebhaft bedauerte ich es, daß meine Schnepfenlocke zu Hause im unteren Fach des väterlichen Gewehrschrankes lag. Wenn auch längst nicht alle Schnepfenhähnchen ihrer trügerischen Lockung folgten, so hatte ich es doch ein paarmal erlebt, daß eines auf meinen Ruf hin senkrecht abbog, um in den Tod zu streichen.

Trügerische Lockung – die Gräfin – der Tod. Weiter kam ich in meinen durch den Mißerfolg geweckten schwarzen Gedanken nicht. Von rechts her kam eine stumme Schnepfe, über den Birken gerade noch erkennbar, genauso angestrichen, wie ich es mir seit einer Stunde ausgemalt hatte. Schnell war sie auch, höllisch schnell sogar.

Im Abdrücken ließ ich den Flintenlauf ein gutes Stück vorschwingen. Trotz des Mündungsfeuers sah ich die Getroffene in schrägem Falle im Holz verschwinden. Schleunigst ging ich hinüber. Ohne Hund würde es eine üble Sucherei geben. Aber zum zweiten Mal half mir das Glück an diesem Abend. Genau dort, wo ich die Schnepfe vermutete, war der Boden noch unbewachsen. Tief gebückt, spähte ich umher. Da lag sie!

Bald darauf hörte ich Buchwald, leise pfeifend, herankommen. Der sonst so ruhige Mann war in heller Aufregung. Drei Schnepfen hatte er außer Schußweite vorbeistreichen sehen. „Wir stehen verkehrt! Drüben auf der anderen Seite müssen wir uns morgen früh aufbauen! Drei Stück! Das ist doch allerhand!“ Er hatte nie den Strich in einem guten Revier erlebt. Deswegen war seine Begeisterung voll verständlich.

❀

Nach einer kurzen, aber ruhig verbrachten Nacht sah uns der nächste Morgen dort, wo der Schnepfensegen auf uns warten sollte. Aber es kam anders. Das große Welttheater zerstörte alle Hoffnungen der kleinen Jäger.

Gerade überwand ich mich, fröstelnd die Hände aus den Manteltaschen zu ziehen, um die Flinte schußbereit zu halten, als gar nicht weit entfernt Artilleriefeuer begann. In der Hauptsache waren es wohl Panzergeschütze. Nach Tagen geradezu unbegreiflicher Ruhe war das Donnern der Abschüsse und das Krachen der explodierenden Granaten besonders beunruhigend. Woher kam der Lärm? Ich orientierte mich nach dem hellen Osthimmel. Kein Zweifel: unser Bataillon wurde angegriffen!

Ich pfiff unser Signal. Unnötig. Buchwald kam schon im Laufschritt durch das reifknisternde Gras geeilt. „Abmarsch!! Wir werden angegriffen! Verfluchte . . .“

Während wir zu den Pferden liefen, kam die erste Schnepfe über uns hinweg. Ich warf ihr nur einen kurzen Blick zu: „Du hast Glück gehabt!“

Je nach Geländebeschaffenheit strebten wir in langem Trab oder mittlerem Galopp dem sich ständig steigernden Kampflärm zu. „Aux canons! Aux canons!“ knirschte ich wütend durch die zusammengebissenen Zähne. „Das war schon der Leitspruch von Napoleons Marschällen.“

Bereits auf halbem Weg trafen wir mit unserem Häuflein zusammen. An einer günstigen Stelle, an der wir den Wald im Rücken und tischebenes Ackerland vor uns hatten, wurde Stellung bezogen. Da der Feind vorerst nicht nachdrängte, trat bald die Ordnung ein, die man von einer erfahrenen Frontgruppe erwarten durfte.

Der Oberst tauchte auf. Mir wurde richtig warm ums Herz, als ich die breit-gedrungene Gestalt erkannte. Der eisgraue Schnurrbart starrte wütender den je in die Gegend.

Oberleutnant Breuer war mit Schulterschuß ausgefallen. Ich sollte die zweite Kompanie übernehmen. Nachdem das Dienstliche erledigt war – der Feind drängte nicht nach –, fragte ich: „Wie ist das möglich, Herr Oberst, daß wir bei dem überraschenden Überfall so verhältnismäßig geringe Verluste hatten und uns so schnell abgesetzt haben?“

„Wie das möglich ist?“ knurrte er. „Sehr einfach, Kleiner! Man muß solchen Mist vorher riechen.“

„Riechen, Herr Oberst?“

„Selbstverständlich! Wer das nicht kann, muß sich rechtzeitig einen Freifahrtschein in den Himmel besorgen. Als Sie beide zu Ihrer verdammten Jagd fortgeritten waren – ich garantiere Ihnen, daß Sie vor dem glorreichen Endsieg von mir keine Stunde Urlaub mehr bekommen – ging mir die Chose immer wieder durch den Kopf. Warum hatte diese angebliche Gräfin Ihnen den Schnepfentip gegeben? Eine Falle oder eine Warnung? Gegen Abend kam Flormeier. Er hatte gesehen, daß der Kerl, dem der Kramladen gehört, im Dunkeln einen Handwagen mit allem möglichen Gelumpe belud und mit seiner Matka im Busch verschwand. Was zum Teufel schaffte der Mensch beiseite? Weswegen machte er es bei Nacht und Nebel? Ich ließ durchsagen: ‚Höchste Alarmbereitschaft!' Die Posten wurden verstärkt, na, und so weiter."

„Sie haben es tatsächlich gerochen, Herr Oberst!"

„Man muß nur richtig kombinieren. Um Mitternacht kontrollierte ich alles. Um zwei Uhr jagte ich die Kompanieführer herum. Alle ließen durchblicken, daß sie mich für übergeschnappt hielten. Na, wenn schon . . .

Im Schummern – der Iwan ist nun mal Frühaufsteher – fing das Geschieße an. Sie schossen in unseren schönen Gutshof hinein, was das Zeug hielt. Eine der ersten Granaten schlug in das Kavaliershäuschen ein."

„Und die Gräfin?"

Der Oberst machte eine bedauernde Handbewegung. „Tot. Aus all dem Qualm und Staub soll sie – Sibert hat's gesehen – aufrecht auf den Hof gekommen sein. Die Hände hatte sie an die Brust gepreßt. Neben der alten Linde ist sie umgefallen. Tot."

„Sie ist tot", sagte ich vor mich hin. „Und ich kann ihr nicht mehr danken."

Gleich darauf setzte Artilleriebeschuß ein. Die ersten Granaten schlugen ein. Aus Jägern wurden Gejagte.

Der falsche Wunsch

Wer hat schon versucht, die Abschußerlaubnis für einen starken, nein, einen sehr starken Bock durch hypnotische Beeinflussung zu bekommen? Halt, der Einleitungssatz taugt nichts. Ich will lieber richtig von Anfang an erzählen.

Bevor ich mich in eine der wildreichsten Gegenden von Pommern einkaufte, erlernte ich als lediger Gutsbeamter in den unterschiedlichsten Betrieben bei den manchmal sonderbarsten Prinzipalen die Landwirtschaft.

Als ich Ende der Zwanzig war, kam ich nach Calerau zu Frau Mardein. Eine Witwe, deren Mann nach kurzer Ehe bei einem Autounfall ums Leben gekommen war. Erstklassige Reiterin. Sieben Jahre älter als ich. Schön? Mir kam sie damals so vor. Ein starker Charakter. Tierliebhaberin in einem kaum vorstellbaren Ausmaß. Somit leider der Jagd gegenüber ausgesprochen feindlich eingestellt. Darüber bin ich ja dann auch gestolpert.

Warum sie nicht wieder heiratete? An Freiern dürfte es nicht gefehlt haben. Die an die fünfzehnhundert Morgen große Wirtschaft war trotz der jammervollen allgemeinen Lage noch rentabel. Frau Mardein habe keinen gewollt, behauptete Dorle.

Dorle war unsere Sekretärin mit Stall- und Speicheraufsicht. Nichts fürs Herz, zum mindesten nicht für das meine. Sie verehrte, ja liebte „die Frau“, wie wir unsere Gutsherrin keineswegs respektlos nannten, mit einer manchmal geradezu bedenklich anmutenden Ergebenheit. Hätte sie gesagt: „Dorle, gehen Sie für mich ins Gefängnis!“, hätte das Mädchen ohne zu zögern den Befehl befolgt.

Man sollte über diese schwärmerische, an Hörigkeit grenzende Zuneigung nicht verständnislos den Kopf schütteln. Auch ich war von Frau Mardeins starker Persönlichkeit fasziniert, wenn auch meine Gefühle auf einer anderen Ebene liegen mochten. Dazu bewunderte ich ihre Fähigkeit, in diesen kritischen Jahren mit allen Widrigkeiten fertig zu werden.

Calerau hatte überwiegend leichten Boden. Deswegen war mit dem Niederwild kein großer Staat zu machen. Hasen gab es leidlich. Da kleine und dichte Schonungen fehlten, stand es um die Karnickel nicht viel besser. Einige Hühnervölker sammelten sich im Winter um die Feldscheune, wo beim Getreidedreschen der Unkrautsamen auf ein Stückchen Unland gekippt wurde. Das war eine erstklassige Futterstelle. Fasanen gab es in der ganzen Gegend nicht.

Ungünstig für den Wildbesatz wirkte sich die mit einem stumpfen Keil in die Gutsfelder stoßende Gemeindejagd aus. Sie befand sich in wenig pfleglichen Händen. Die Leutchen, die dort mit der Flinte herumliefen, bemühten sich nach besten Kräften, zuerst alles bei sich totzuschießen, was sie irgendwie bekommen konnten, um dann unserem in den leeren Raum nachrückenden Wild ein gleiches Schicksal zu bereiten. Im Herbst beobachtete ich, wie sie oft und gründlich ihre kleinen Felder absuchten, bis dort der letzte Krumme totgeschossen oder vergrämt war. Dann wurde sechs Wochen lang eine Wartepause trügerischer Ruhe eingeschaltet. Kurz vor Beginn der Schonzeit veranstaltete man eine „Große Treibjagd", bei der tatsächlich noch einmal ein Dutzend Hasen ums Leben kam. Ich war überzeugt, daß es sich dabei ausnahmslos um „unsere" handelte.

Frau Mardein haßte die so wenig pfleglich jagenden Nachbarn mit dem ungezügelten Haß, zu dem Frauen fähig sind.

Dem unguten Treiben setzte sie eine fast vollkommene Schonung des Nutzwildes in der Eigenjagd entgegen. Trotzdem brauchte meine Jagdleidenschaft nicht ganz brach zu liegen. Raubwild und sogenanntes Raubzeug war mir uneingeschränkt freigegeben. Niemals wieder erreichte ich eine so hohe Strecke an Krähen und Elstern wie in Calerau. Dazu bekam ich sieben Winterfüchse und . . . einen Steinmarder. Über dessen Erlegung freute ich mich unbändig, war er doch damals – im Gegensatz zu heute – ein seltenes Wild. Bei schwacher Schneelage stand er mir kurz vor Mitternacht aufs Reizen zu. In gutem Mondschein erkannte ich ihn mit bloßem Auge. Als ich die Flinte hob, muß er die Bewegung eräugt haben. Er richtete sich zu einem Pfahl auf. Nach dem etwas weiten Schuß war er verschwunden.

Meine alte Anka hatte fest geschlafen. Also ging ich mit ihr zum Anschuß. Sie verschwand in einer mit hohem Altgras durchsetzten Anpflanzung. Gleich darauf hörte ich sie einmal kurz Laut geben und den Marder verzweifelt kreischen. Nach einer Weile kam sie, etwas Dunkles im Fang, angesaust. Vorerst konnte sie sich aber nicht entschließen, ihre Beute abzuliefern, sondern beschrieb erst einmal einige ausgelassene Runden um mich herum. Erst nach energischem Rufen überwand sie sich, mir den geliebten Gegner zu überlassen.

Als ich den starken Rüden in der Hand hielt, kam mir eine grandiose Eingebung: „Du verschweigst dein Weidmannsheil und schenkst der Frau den Balg zu Weihnachten!“ Damit ich nicht in den abscheulichen Verdacht kommen konnte, das Prachtstück unterschlagen zu wollen, weihte ich Dorle am nächsten Morgen ein. Die Überraschung glückte vollkommen.

❀

Schließlich gab es in Calerau etwa zwanzig Feldrehe. Mehr würden es nie – so wurde mir erzählt – weil die Nachbarn zusahen, jedes Stück, das sich über die Grenze wagte, in den Rucksack zu bekommen. Ich sagte zu Frau Mardein, wir seien schön dumm, diesem Treiben tatenlos zuzusehen. Ob ich nicht wenigstens ein abkömmiges Rickenkitz oder ein Schmalreh erlegen solle. Mein mit Herzklopfen zur Sprache gebrachter Vorschlag wurde fast schroff abgelehnt. Seit Jahren habe sie kein Reh schießen lassen. Nur so sei der geringe Bestand, an dem sie bei jedem Ausreiten ihre Freude habe, erhalten geblieben. Fingen auch wir an, etwas zu schießen, würde das den Anfang vom Ende bedeuten. In der Küche hätten wir genügend Gänse-, Enten- und Hähnchenbraten. So oft wir wollten, könne ein Hammel geschlachtet werden. Was sollten wir da mit einem Reh.

„Es wäre eben zur Abwechslung Rehbraten."

„Keinen Bissen bekäme ich 'runter."

„Ja, aber die Kerle von drüben . . ."

„Ich wünsche es nicht." Der kurze Satz wurde in einem Ton ausgesprochen, der jede weitere Gegenrede zwecklos erscheinen ließ. Deswegen sagte ich kühl-dienstlich: „Jawohl, gnädige Frau."

Sie lachte versöhnlich. „Glauben Sie nicht, daß es Dinge geben könnte, bei denen es auch mich treibt . . . oder zum mindesten zu treiben versucht, und ich gestatte sie mir nicht?!" Die Wärme ihrer Stimme nahm der vorausgegangenen Ablehnung die Schärfe.

Im Januar sah ich bei einem Feldgang Rehe auf einem Sturzacker sitzen. Er hatte in der Mitte einen flachen Lehmhügel. Obwohl er das umliegende Gelände höchstens um zwei Meter überragte, mußte er doch so viel Windschutz geben, daß sich die Rehe immer wieder neben ihm ihre tiefen Betten plätzen, sobald weiches Wetter es erlaubte.

Wir fuhren mit allen Gespannen Mist auf einen zukünftigen Kartoffelacker. Ich wartete, bis der nächste Wagen heranrumpelte und ging neben ihm her. So kam ich auf 200 Schritt an den Sprung heran, der sich durch den gewohnten Anblick in seiner Mittagsruhe nicht stören ließ. Hinter einem windschiefen Pflaumenbaum, um den herum Wurzelschößlinge und abgestorbene Unkrautstauden genügend Deckung gaben, kauerte ich mich hin, um die einzelnen Stücke genau ansprechen zu können.

Zwölf Ricken, Kitze und jüngere Böcke hatte ich schon durch das Glas betrachtet, als ich durch eine Bewegung auf ein Stück etwas abseits vom Sprung aufmerksam wurde. Mein Übersehen ist leicht erklärlich, sind doch die Winterdecken in ihrem Farbton dem der Ackererde hervorragend angepaßt. Das dreizehnte Stück war ein Bock, der mit eifrig stubsendem Windfang etwas auf der Keule in Ordnung brachte. Diese Bewegung war mir aufgefallen. Mit dem ersten Blick erkannte ich, daß es sich um einen starken Bock handelte. Die Kolben des neuen Gehörns füllten den Platz zwischen den Lauschern fast vollkommen aus. Dazu hatte der Bock „dicke Backentaschen“. Zwei Kehlflecke zeichneten sich deutlich ab. Das ganze Gebäude wirkte wuchtig.

Hinter meinen Pflaumenbaum geduckt, genoß ich das Bild eine Viertelstunde lang. Welch knuffiges Gehörn würde da in den nächsten Wochen geschoben werden! Wie würden nach dem Fegen die Enden in mattem Elfenbeinton schimmern! Wo würde der Einmalige beim Jagdaufgang seinen Einstand genommen haben? Konnten ihm die üblen Nachbarn etwas anhaben? Würde es mir gelingen, die Erlaubnis zu seiner Erlegung zu bekommen?

Erst beim dritten bei mir vorbeiklappernden Mistwagen riß ich mich los und räumte das Feld, ohne den Sprung zu vergrämen.

Am Abend im Wohnzimmer fing ich vorsichtig mit meinem Bericht an. „Auf der Mittelbreite saßen dreizehn Rehe, darunter ein Bock . . . also, ich glaube, daß er ein Gehörn bekommt, wie es hier noch keines gegeben hat." Frau Mardein nickte. „Als ich zur Genossenschaft fuhr, habe ich sie gesehen, auch den Bock. Wie soll er heißen?" Alles Getier, das im Stall oder im Revier ein wenig Anspruch auf Persönlichkeit stellte, besaß bei uns statt der scheußlich neutralen Nummern einen Namen.

Ohne mich lange zu bedenken, sagte ich: „Großfürst!"

„Gut. Schade, daß ich mein Glas nicht mitgenommen hatte. Ist er wirklich so stark, oder übertreiben Sie, Page?"

Ich versicherte, daß meine Beschreibung stimme. Natürlich komme es auf den weiteren Witterungsverlauf an, wie sich das Gehörn entwickeln würde. Ich wolle das Wachstum der Stangen genau beobachten.

Das tat ich wahrhaftig! Als landwirtschaftlicher Beamter kommt man an den meisten Tagen der Woche aufs Feld, an vielen sogar mehrfach. Selbstverständlich trug ich mein in der optischen Leistung noch recht bescheidenes Glas stets bei mir, zum Schutz gegen Regen und Staub unter der Joppe. Gleichsam im Zeitlupentempo sah ich so dem Ausbilden der Enden zu.

Im Februar bekamen wir strengen Frost, doch konnte die grimmige Kälte unserem gutgenährten Wild wenig anhaben. Wichtig für den endgültigen Gehörnaufbau war es, daß der Himmel meistens wolkenlos war, so daß die Sonnenstrahlen mit ungehemmter Kraft wirksam wurden. Als Anfang März die ersten Kiebitze auf dem nassen Acker saßen, war das Gehörn des Großfürsten fertig ausgebildet.

Die Vordersprossen enttäuschten ein wenig. Ich schätzte sie nur auf vier Zentimeter. Dagegen waren alle übrigen Enden zeigefingerlang. Jedesmal, wenn ich mir diese Pracht mit dem Fernglas vor die Augen zauberte, sagte ich mir, daß der Bast von der Dicke der Stangen abgezogen werden müsse. Von den bestimmt 24 Zentimetern Länge würde aber nichts verloren gehen.

Am 27. März schimmerte es plötzlich gelblich-hell zwischen und über den Lauschern des Großfürsten. Ein Ebereschenheister am Rande unserer Feldschonung war kurz und klein geschlagen. Ein paar Tage später besaß das immer noch imponierend wirkende Gehörn die Tönung von braun gebeiztem Nußbaumholz. Über Tag stand der Bock in einem kleinen Gehölz. Abends zog er mit anderen Rehen zusammen auf einen anstoßenden Kleeschlag von 30 Morgen. Ein Schlag, der Kartoffeln bekommen sollte, lag daneben. Hinter ihm war die Grenze zur Gemeindejagd.

Daß der Bock später während der Jagdzeit in dem Wäldchen bleiben würde, erschien unwahrscheinlich. Er würde sich wohl in einem unserer großen Getreideschläge einquartieren, etwa in dem auf der rechten Kleeseite befindlichen Roggen. Bis in den Juli hinein wäre das Leben des Großfürsten damit wohl gesichert. Sobald aber das Getreide gemäht würde und die Brunft begann, konnte er schon einmal in die Gefahrenzone gelangen.

Alle diese Fragen wurden mehrfach zwischen Frau Mardein und mir erörtert. Wagte ich dann aber eine Andeutung, wie sehr ich mich danach sehnte, den Bock erlegen zu dürfen, stieß ich auf heftige, wenn nicht gar eisige Ableh-

nung. Niemals würde sie das Todesurteil über dieses wundervolle Geschöpf aussprechen. Wir müßten eben alles daransetzen, ihn auch während der gefährlichen Brunftzeit bei uns zu behalten. Der zweite Roggenschlag nach den vorjährigen Kartoffeln sei so spät gedrillt, daß er am längsten auf dem Halm stehenbleiben würde. Wir könnten einen halben Zentner Serradella hübsch in der Mitte des Feldes breitwürfig mit der Hand aussäen. Die jungen Pflanzen müßten für alle Rehe eine begehrte Äsung abgeben und bestimmt auch dem Großfürsten schmecken.

Außerdem sei zu überlegen, ob man in das Wickfutter, das als Zwischenfrucht nach der Wintergerste bestellt werde, etwas Süßlupinen hineinmische. Die Neuzüchtung sei zwar noch sündhaft teuer – der Zentner koste etwa 50 Mark – aber die Ausgabe müsse eben verkraftet werden. Alles Wild stürze sich geradezu auf die ihnen bislang unbekannte Pflanzenart. So habe es neulich in der „Landwirtschaftlichen" gestanden. Und die Kühe würden sich schließlich auch freuen, bekämen sie im Herbst eine derartige Delikatesse serviert.

So sehr ich die Hegefreudigkeit der im übrigen durchaus sparsam wirtschaftenden Gutsherrin begrüßte, so wenig paßten diese Pläne in mein Konzept. In mir war der Wunsch, den Großfürsten zu erlegen, geradezu zur fixen Idee geworden. Ich mußte ihn bekommen, so oder so.

❀

Der Tag der Jagderöffnung fiel auf den Mittwoch nach Pfingsten. Zu Ostern hatte ich meine Eltern besucht. So konnte ich, ohne sie zu kränken, das nächste Fest auf dem Gut bleiben. In dieser kritischen Zeit durfte ich einfach nicht abwesend sein. War es den üblen Nachbarn nicht zuzutrauen, daß sie an einem der letzten Tage der Schonzeit den Bock meuchelten, wenn er sich auf ihre Seite verirrte?!

Heute bringt mich der Gedanke an den Großfürsten nicht mehr um den Verstand, aber in jenen Tagen hatte mich eine Art von Psychose umnebelt.

Kurz vor dem Fest hatten wir einen Posten Mastvieh zu einem leidlich befriedigenden Preis verkauft. Nach dem Kartoffelpflanzen bekamen wir die 20 Millimeter Regen, die unser leichter Boden so dringend brauchte. Obendrein wurde ein ärgerlicher Rechtsstreit um die Benutzung eines wichtigen Zufahrtsweges zu unseren Gunsten entschieden.

Selten kommt es in der Landwirtschaft vor, daß sich alles derart zum Guten wendet. Deswegen verkündete Frau Mardein: „Am Samstagabend feiern wir unter uns. Am nächsten Tag kommt die liebe Verwandtschaft, na ja . . . auch das muß ertragen werden. Aber vorher, wenn wir drei allein sind, gibt es eine erstklassige Bowle.“

„Der Waldmeister blüht schon“, sagte ich, „und die Erdbeeren sind noch nicht so weit.“

„Dann neben wir ein Glas Pfirsiche.“

Was solche und ähnliche Getränke anbetraf, waren wir in Calerau von einer geradezu rührenden Bescheidenheit. Oft verging eine Woche, in der keiner von uns auch nur einen Tropfen Alkohol trank. Der Begriff „Wein“ ließ sofort an Feiertag und Gäste denken. Eine Cognacflasche wartete monatelang in ihrem Wandschränkchen. Der Inhalt wurde eigentlich nur als Medizin bei einer drohenden Magenverstimmung verwendet.

❀

Am Pfingstsamstag war es draußen so vorsommerlich warm, daß wir die Fenster des ebenerdigen Wohnzimmers, die auf den Garten hinausgingen, bis in die Nacht hinein geöffnet lassen konnten. In zwei großen Vasen stand üppig blühender Flieder, der mit seinem Duft den ganzen Raum erfüllte.

Die Mischung der Bowle war geraten. Entsprechend lebhaft war das Gespräch, das vom Hundertsten ins Tausendste führte. Nur Dorle wurde einsilbig. In ihrem Gesicht zuckte es.

„Kind, haben Sie wieder Ihre Schmerzen?" Eine gute Gutsfrau erkennt, wenn ein Tier krank ist. Um so leichter fällt es ihr, menschliche Unpäßlichkeit wahrzunehmen.

Um unsere frohe Stimmung nicht zu beeinträchtigen, wollte die Sekretärin zuerst nicht mit der Sprache heraus. Dann gestand sie aber doch, daß sich die scheußlichen Kopf- und Rückenschmerzen, mit denen unser braver Landarzt nichts anfangen konnte, wieder bemerkbar machten. Sie habe deswegen vorhin schon eine Tablette genommen.

„Eine?" fragte Frau Mardein in ihrer zupackenden Art. „Das stimmt doch nicht!"

Das junge Mädchen errötete. „Zwei", gab sie leise zu. „Und trotzdem hat es nichts genutzt."

„Dorle, stehen Sie auf!" befahl die Frau. „Page, helfen Sie ihr!"

Heute befassen sich Spezialärzte ausschließlich mit den strapazierten Bandscheiben des Kulturmenschen. Wo man hinhört, wird über Schäden an der Wirbelsäule geklagt. Dann erzähle ich jedes Mal, daß wir auf dem Lande eine altüberkommene Behandlungsweise kannten, längst ehe wir etwas über die anatomischen Zusammenhänge auch nur ahnten.

Mit Duldermiene erhob sich Dorle und faltete die Hände am Hinterkopf. Ich stellte mich dicht hinter sie, griff durch das Dreieck ihrer gewinkelten Arme hindurch und verschränkte meine Hände in ihrem Nacken. Da sie ein wenig kleiner war als ich, mußte ich mich dabei bücken. Jetzt richtete ich mich langsam auf, so daß sie in die Höhe gehoben wurde. Für ein paar Augenblicke hing ihr Gewicht in der Hauptsache an meinen, ihren Kopf stützenden Händen.

„Es hat geknackt!" rief Frau Mardein triumphierend. Das von den Wirbeln verursachte Geräusch galt als Anzeichen für eine geglückte Behandlung. Nachdem ich die Patientin auf die Füße gestellt hatte, mußte sie mit abgespreizten Armen verschiedene, genau vorgeschriebene Rumpfbeugungen ausführen.

„Ist es besser geworden?" fragte ich.

„Ja, danke. Ein wenig. Nur die Kopfschmerzen sind noch da."

„Wenn der alte Meier Wolters noch lebte . . .", sagte die Frau. Mit dem Teelöffel fischte sie ein paar Pfirsichstückchen aus ihrem Glas und ließ es sich von mir füllen. „Die Leute behaupteten damals, er habe magische Hände. Das ist natürlich Unfug gewesen. Tatsache bleibt, daß er gerade bei Migräne Kranken geholfen hat, die schon wer weiß wie lange erfolglos zu Dr. Singer gelaufen waren. Page!" Sie sah mich mit ihren grauen Augen aufmunternd an. „Versuchen Sie es!"

„Was soll ich machen?"

„Mit den Fingerspitzen! Sie müssen ihr mit den Fingerspitzen von vorn nach hinten über das Haar streichen. Los! Schaden kann es nichts."

An einem gewöhnlichen Tag hätte ich mich wahrscheinlich geweigert, etwas anzustellen, das mir wie Hokuspokus vorkam. Da ich aber nicht mehr ganz nüchtern war, tat ich, was verlangt wurde. Dorle hatte starkes, weizenblondes Haar, das sie entgegen der damaligen Mode schulterlang trug.

„Sie müssen auch etwas sagen", verlangte die Frau. „Der alte Meier Wolters hat immer allerhand gesprochen, wenn er die Leute gesund gemacht hat."

„Ja, aber was denn nur?" fragte ich nicht sonderlich intelligent.

„Das ist gleichgültig, es muß nur beruhigen." Frau Mardein saß, etwas vorgebeugt, in einem großen Plüschsessel, das junge Mädchen in dem zweiten. Ich hatte mir einen Hocker herangezogen.

„Ganz entspannt dasitzen, Dorle!" fing ich an. „Kein Muskel darf verkrampft sein. Schließen Sie die Augen und kommen Sie mit aufs Feld. Sie gehen an einem sonnigen Morgen die Alte Schaftrift hinunter. Auf dem Acker daneben blüht der Flachs, Millionen von zartblauen Blüten, eine dicht neben der anderen."

Bei der Beschreibung des mir aus meiner Lehrzeit her bekannten Bildes sprach ich langsam, nicht zu laut, aber eindringlich, etwa wie ich mir die Sprechweise eines orientalischen Märchenerzählers vorstellte. Dabei streichelte ich das Haar des Mädchens.

„Nichts auf der Welt beruhigt so wie ein blühendes Flachsfeld. Die Herrin des Flachses wartet auf Sie unter der hohen Linde. Die Herrin trägt ein Kleid, das aus Flachs gesponnen und gewebt wurde. Es hat die Farbe der vielen, vielen Blüten. Die Herrin sitzt auf dem Wegrain, an den Lindenstamm gelehnt. Sie dürfen sich an ihre Seite setzen und den Kopf in ihren Schoß legen. Die Herrin streicht über ihr Haar und sagt, daß Sie schlafen sollen, ruhig und tief schlafen, ohne Schmerzen schlafen."

Dorles Kopf sank zur Seite. Ihr Atem ging ruhig. Sie war eingeschlummert. Vorsichtig stand ich auf, trat zur Seite und flüsterte verblüfft: „Sie schläft! Habe ich sie etwa . . . hypnotisiert?!"

„Das glaube ich nicht." Die Frau drehte ihr schon wieder geleertes Glas hin und her. Eine feine Falte des Nachdenkens stand zwischen ihren Brauen. „Es ist möglich, daß Dorle ein gutes Medium abgibt. Aber auch der Wein . . ., wir haben alle ein wenig zu viel getrunken, und die Tabletten. Ob Sie aber hypnotisieren können . . ."

„Ich hab' keine Ahnung. Man sieht so etwas höchstens auf dem Jahrmarkt und hält es für Schwindel. Aber selbst ausprobieren? Ausgeschlossen! Gefährlich soll es obendrein auch werden können."

„Gefährlich? Sind das nicht nur Schauergeschichten? Man müßte . . . man müßte herausfinden, ob in Ihren Händen wirklich Kräfte stecken . . . Page, versuchen Sie es mit mir!"

„Bei Ihnen?" Es verschlug mir den Atem. „Das ist doch nicht Ihr Ernst?"

„Page, ich habe so viel von unserer guten Bowle getrunken, daß ich auch ohne magische Beschwörung schon halb in Trance bin. Versuchen Sie es! Oder haben Sie Angst? Ich will aber nicht zu einem blühenden Flachsfeld geführt werden. Es paßt nicht zu mir."

Ich überwand meine Scheu. Vielleicht besaß ich tatsächlich eine Macht, von der ich bisher keine Ahnung gehabt hatte. Was sollte ich aber der Frau, die ich tief verehrte und die mich gelegentlich „Page" nannte, Beschwörendes sagen?

Page, Pagenlieder, Börries von Münchhausen. Er war damals mein Lieblingsdichter.

„Am ersten Tag im Karneval
Der erste Tag, der macht es –
Am ersten Tag im Karneval
Auf allen Straßen lacht es.
Da küßte Gräfin Monbijou
Die Perlweinschale von Kristall.
Sie trank dem blonden Pagen zu.
Der Page, der hieß d'Autreval."

Die Frau saß reglos. Mit geschlossenen Augen hörte sie zu, wie ich weiter rezitierte: „Im selben Sattel saßen sie und küßten sich und küßten sich."

Sie sagte leise: „Page! Du hast einen Wunsch frei, einen nur. Überlege es Dir gut!"

War auch sie einer unsichtbaren Kraft verfallen, oder folgte sie einer Laune des Augenblicks bei diesem seltsamen, ja, ein wenig unheimlichen Spiel? Ich machte mir keine Gedanken darüber. Die Erfüllung eines Wunsches war mir geschenkt. Der Großfürst! Braundunkle Stangen, elfenbeinschimmernde, hoch die Lauscher überragende Enden. Ich brauchte nicht zu überlegen: „Herrin, schenkt mir den Großfürst!" stieß ich hervor.

Die Züge der Frau erstarrten. Das hintergründige Lächeln, das auf ihren Lippen gelegen hatte, verflog. Sie öffnete die Augen, in denen es gefährlich blitzte. „Sie vergessen, mein Lieber, daß man auch in der tiefsten Hypnose niemand zu einer Handlung zwingen kann, die er verabscheut. Der Wunsch ist abgelehnt."

Sie stand auf: „Wie spät haben wir es? Beinah' Mitternacht. Zeit zum Schlafengehen. Morgen haben wir einen anstrengenden Tag. Der viele Besuch. Ob Sie noch einmal in den Stall sehen? Bei der Kunigunde war die Zeit gestern vorbei. Sie müßten dann Werkelmann wecken."

Frau Mardein beugte sich über das immer noch schlafende Mädchen. Mit veränderter, weicher Stimme sagte sie: „Dorle, wachen Sie auf, aber nur ganz wenig. Ich bringe Sie in Ihr Zimmer. Da müssen Sie weiter schlafen, damit Sie morgen ganz gesund und frisch aufwachen."

❀

Die beiden Feiertage bescherten uns zahlreiche Besucher, die teils aus der Stadt, teils von den benachbarten Gütern kamen. Kinder lärmten durch Hof und Garten. Riesige Kuchenplatten wurden aufgetragen und in erstaunlich kurzer Zeit geleert. Abends klangen aus dem Grammophonschränkchen Melodien, die man heute noch im Radio als Evergreens hört. Im ausgeräumten Eßzimmer wurde getanzt.

Als ich Frau Mardein aufforderte, lehnte sie unter einem Vorwand ab. Ich hatte das Gefühl, als rage zwischen uns eine unsichtbare Wand aus Glas empor, eiskalt und undurchdringlich. Wenn sie es so haben wollte . . . Hatte i c h etwas verbrochen? Bisher hatte ich sie kritiklos bewundert. Jetzt stieg ein anderes Gefühl in mir auf: Trotz, Auflehnung, ja, beinah' Feindschaft. Sie gönnte den schlechten Nachbarn den Bock mehr als mir. War das der Dank für meine wirklich eifrige Arbeit?

Meine Zerrissenheit ging so weit, daß ich in der Nacht zum Dienstag gegen drei Uhr aus wirren Träumen aufwachte und nicht mehr einschlafen konnte. Ich zog mich an und trat ins Freie. Da mein Zimmer in einem Nebengebäude lag, wurde ich von niemandem bemerkt. Ich radelte zum

Kleeschlag. Gedeckt durch die quer stehende Feldscheune, kam ich bis zu seinem Rand, ohne vom dort äsenden Wild bemerkt zu werden. Die eine Banse war noch halb mit Stroh gefüllt. Ich kletterte hinauf und machte es mir bequem.

Über dem Klee lag eine dünne, milchige Nebelschicht. Der Himmel war klar. Es würde wieder ein warmer Sonnentag kommen. Vorerst war kein Wild zu sehen. Ich holte einen Teil der versäumten Nachtruhe nach und schlief bis halb fünf.

Als ich aufwachte, sah ich ihn sofort. Mitten im Klee stand er; ungefähr 150 Meter von der Scheune entfernt. Der Dunst war verschwunden. Die Strahlen der aufgehenden Sonne verwandelten jede Pflanze in eine Zauberblume aus Silber und Gold.

Der Großfürst.

Mit seinem taunassen Gehörn sah er bei dieser Beleuchtung wahrhaft kapital aus, so vorsichtig man sonst auch mit diesem Ausdruck umgehen muß, der nur einmaligem Wild zusteht. In mir erwachte ein furchtbarer Gedanke, der mich geradezu körperlich bedrängte. Hart und schnell fühlte ich mein Herz pochen.

„Morgen geht die Jagd auf", sagte eine befehlende Stimme in mir. „Du gehst noch früher als heute hierher. Vielleicht ist es nicht neblig. Dann hat man kurz nach drei Uhr Büchsenlicht. Du schießt den Großfürst!"

„Ohne Erlaubnis? Heimlich?" entsetzte sich eine andere Stimme.

„Sie hat dir einen Wunsch freigegeben und ihr Wort nicht gehalten. Das ist Wortbruch. Du hast das gute Recht!"

„Und was soll aus dem Bock werden?"

„Über Tag bleibt er hier im Stroh. In der nächsten Nacht radelst du mit ihm nach Rabenburg und hängst ihn an den Krankenhauszaun. Die werden schon Verwendung haben. Das Gehörn schickst du an Axel. Er soll es zurechtmachen und keine dummen Fragen stellen."

„Darf ich das wirklich?"

„Du darfst es! Wirklich!"

❁

Kurz nach Mitternacht fuhr ich zum Kleeschlag. Bis dahin hatte ich mich schlaflos herumgewälzt. Niemals zuvor hatte ich mich in einer so erbärmlichen Verfassung befunden, hin- und hergerissen im Widerstreit der Gedanken. Unablässig bedrängte mich der Zweifel: „Darf ich es tun?" Ich beruhigte mich leidlich mit der fadenscheinigen Ausrede: „Du hast immer noch die Wahl. Du kannst ohne Schuß nach Hause fahren."

Die Nacht war kühl und klar. Ein schwacher Nordwind würde jede Nebelbildung verhindern. Die matten Sommersterne schimmerten so winzig klein, als wären sie mit einer zu schwachen Silberfarbe an das stumpfe Grau des Himmels getupft. Im überjährigen Stroh der Feldscheune saß ich weich und warm. Ein leichter Modergeruch, der an verwelkte Grabkränze erinnerte, störte mich nicht. Im Halbschlaf dämmerte ich vor mich hin.

Gegen Morgen strich eine schwarze Katze lautlos um die Scheune. An jedem anderen Tag hätte ich sie geschossen. Heute unterließ ich es verständlicherweise. Es fuhr mir durch den Kopf, daß schwarze Katzen Unglück bedeuten sollen. Ich verscheuchte die abergläubische Vorstellung mit dem nicht weniger fragwürdigen Argument, daß sie nach links, der Herz- und Glücksseite geschlichen sei.

Viel zu früh begann ich, mit dem Glas den Kleeschlag abzusuchen. Augentäuschungen narrten mich. Jedesmal erkannte ich nach einiger Zeit meinen Irrtum. Dieser dunkle Fleck, den ich für ein Reh gehalten hatte, war eine Unkrautstaude, jener nur eine Vertiefung im Acker. Als es einigermaßen hell geworden war, mußte ich mich damit abfinden, daß nirgends ein Stück Wild zu erblicken war. Sonderbarerweise verspürte ich statt Enttäuschung eher eine gewisse Erleichterung: „Du brauchst es nicht zu tun."

Überall sangen Lerchen, sie priesen das Leben. Ich beneidete sie, weil sie so unbeschwert glücklich waren.

Plötzlich stand der Bock mitten im Klee.

Unsichtbar für mich hatte er im hohen Futter gesessen. Gerade war die Sonne über der Feldschonung aufgegangen. Er war wohl hochgeworden, um wärmehungrig die ersten Strahlen aufzufangen.

Als ich das Gehörn sah, waren alle Zweifel verschwunden. Es ging jetzt nicht mehr darum, ob ich schießen durfte oder mußte, ich k o n n t e nicht anders.

Dicht vor mir war eine dicke Bohle waagerecht zwischen einem Scheunenpfeiler und einer schräg nach oben führenden Verstrebung angeschraubt. Auf das schwach nach Karbolineum riechende Holz hatte ich den einmal gefalteten Rucksack gelegt. Auf ihm ruhte die Büchse, sicher wie auf dem Sandsack des Schießstandes. Wenn ich mich einigermaßen zusammennahm, konnte der Schuß nicht danebengehen. Aber es war noch nicht so weit.

Ohne sich zu bewegen, stand der Bock spitz von mir fort. Noch einmal schaute ich durch das Glas, ließ es aber schnell fallen. Von hinten wirkte das Gehörn so überwältigend wuchtig, daß ein längeres Anstarren mich um den letzten Rest Verstand gebracht hätte.

Regungslos wie eine Statue verharrte der Großfürst. Offensichtlich hatte er keinen Hunger, sondern wollte nur die beginnende Morgenwärme genießen. Ich schielte auf die Uhr. Kurz nach vier. Eine Stunde hatte ich noch Zeit. Bis dahin würde er sich wohl endlich einmal breit gestellt haben. Die Entfernung war richtig. Ich schätzte um die hundert Meter. Da wendete er das Haupt und äugte zur Scheune, zu mir herüber.

Ich hatte das Gefühl, etwas Neues sei eingetreten, das mir vorerst verborgen blieb.

Der Bock änderte seine vertraute Haltung. Mißtrauisch stellte er die Lauscher in eine andere Richtung. Dabei verharrte er aber in der für einen Schuß unmöglichen Stellung. Alles deutete darauf hin, daß er im nächsten Augenblick abspringen würde.

Da geschah es schon! Bei seinem Alter wurde er allerdings nicht flüchtig, sondern trollte mit tief gehaltenem Haupt spitz von hinten fort.

In fliegender Aufregung beugte ich mich über die Büchse und verfolgte das klein und kleiner werdende Wild im Zielfernrohr. Spiegel, Spiegel, Spiegel . . . Bis sich die Roggenhalme hinter ihm schlossen, hatte er nicht ein einziges Mal ein Stückchen Blatt gezeigt. Aus.

„Kommen Sie herunter!"

Der Ausdruck vom „Blitz aus heiterem Himmel" ist wenig überzeugend, weil man das Aufziehen eines Gewitters zu bemerken pflegt. Treffender sollte es heißen, daß mich der Befehl wie der Keulenschlag eines unsichtbaren Gegners traf.

„Kommen Sie augenblicklich herunter!" Frau Mardein war an der Scheunenecke aufgetaucht. Sie stand zehn Schritte vor mir.

Mechanisch sicherte ich die Büchse, stach ab und entlud sie. Ich nahm Gewehr und Rucksack und mühte mich über die Strohballen vorwärts. Meine Beine waren wie abgestorben. „Wenn ich doch tot wäre“, dachte ich. „Wenn ich nur tot wäre!“

„Wie konnten Sie bloß . . .“ Frau Mardein sprach nicht mehr schneidend streng wie eben noch, als sie mich wie einen Wilddieb angerufen hatte. Ihre Stimme klang so traurig, daß sich mein Herz zusammenkrampfte.

Ich zuckte die Achseln: „Ich weiß nicht.“

„Was hätte denn werden sollen? Hinterher?“

„Ich wollte den Bock heimlich zum Krankenhaus schaffen.“

„Unsinn!“ Sie machte eine ärgerliche, vielleicht sogar hilflose Bewegung. „Was zwischen uns hätte werden sollen. Wo ich Ihnen doch so . . . grenzenlos vertraute.“

Wenn sie doch nur geschrien oder getobt hätte, wie es ihr gutes Recht war, statt dessen diese Trauer. „Daran habe ich nicht gedacht, an das Hinterher.“ Ich war ganz verzweifelt.

„Und was soll jetzt werden?“

„Ich bitte um meine Entlassung.“ Ich hatte mein Gesicht verloren. Ein ehrenhafter Chinese der alten Schule wäre aus dem Leben geschieden. Ich mußte zum mindestens die Stellung aufgeben, in der ich mich so glücklich gefühlt hatte. Das war das Geringste, was ich für meinen Vertrauensbruch auf mich nehmen mußte. Plötzlich war mir klar geworden, wozu ich mich hatte hinreißen lassen.

Frau Mardein senkte den Kopf. Sie trug ihren alten Filzhut, dessen breite Krempe dabei die Augen verdeckte. Mit dem Krückstock zeichnete sie verschlungene Linien in den

Sand, den wir im Winter rund um die Scheune aufgefahren hatten.

„Sie wollen gehen?“ sagte sie schleppend. „Ja, es gibt wohl keinen anderen Ausweg. Eine zerbrochene Schale kann man nicht kitten. Sie müssen aber erst etwas anderes gefunden haben. Das ist heutzutage nicht einfach.“

„Ich möchte sofort gehen“, sagte ich. „Bei meinem Onkel in Eschenbach kann ich immer unterkommen. Natürlich nicht als Beamter. Ich muß arbeiten. Aber das macht nichts. Von da aus suche ich mir eine neue Stelle. Und Sie finden ja leicht Ersatz.“

„Ich finde Ersatz.“ Es klang so bitter, daß mich schauderte. „Natürlich.“ Sie richtete sich auf und sah mich an, nicht mehr zornig, sondern tief traurig. „Wenn es sich in Eschenbach einrichten läßt, wird es wohl das Beste sein.“

Sie wendete sich ab, als wollte sie den Feldweg hinuntergehen, der vom Gutshof wegführte. „Ich habe es in den letzten Tagen gefühlt, ich habe es geradezu gewußt und hoffte doch immer noch . . .“ Die letzten Worte konnte ich nicht mehr verstehen.

❀

Mein Onkel hatte reichlich 150 Morgen Zuckerrüben angebaut. Drei Wochen lang ging ich vom Morgen bis zum Feierabend hinter der von zwei bedächtigen Ochsen gezogenen Hackmaschine her und steuerte die einundzwanzig Dreieckmesser so durch die Reihen, das keines der kleinen Pflänzchen zu Schaden kam. Die Tiere wurden von einem nicht sonderlich aufgeweckten Jungen geführt. Ein alter halbtauber Mann steuerte die Vorderkarre der Maschine. Bei dieser Tätigkeit hatte ich genügend Muße, um über alles nachzudenken.

Wie durch ein Wunder bekam ich dann einen Posten als Inspektor und – ehrenamtlicher – Revierverwalter bei einem Gutsbesitzer, der ein hervorragender und fast ebenso passionierter Jäger wie ich war. Bei jeder landwirtschaftlichen Tätigkeit im Feld durfte, ja, sollte ich ein Gewehr mitführen, um stets zu einem Schuß auf Raubwild oder sogenanntes Raubzeug bereit zu sein.

Zu Weihnachten schickte ich einen langen Brief an Frau Mardein, in dem ich sie um Verzeihung bat. Die Antwort war überschrieben: „Mein lieber Page!" Schon daraus erkannte ich, daß sie mir nicht mehr zürnte.

Heute, Jahrzehnte später, kann ich ermessen, was ich damals alles falsch gemacht habe, angefangen bei dem verkehrten Wunsch in der verhängnisvollen Pfingstnacht. Hätte ich mich jedoch anders verhalten, wären nur neue Komplikationen . . . Aber es hat keinen Zweck, fruchtlose Überlegungen anzustellen.

Nachtrag: Der Großfürst konnte sich in die Zeit der vorgeschriebenen Abschußpläne hinüberretten. Starke Böcke wurden zuerst kaum freigegeben. Bis in sein siebentes oder achtes Jahr hinein soll er je nach Witterungsverlauf ein starkes bis kapitales Gehörn geschoben haben. Dann verschwand er in einem strengen Winter spurlos.

Das erfuhr ich in den mit weiten Zeitabständen eintreffenden Briefen der Frau.

Der dritte Schmetterling

Krabums!

Die Dame manövrierte ihren Wagen so energisch in die Parklücke hinein, daß ihm erst die Stoßstange meines armen Autos Halt gebot.

Empört keifte Janka los. Der Aufprall hatte sie beinah' vom Sitz geworfen. Unerhört, was da mit *ihrem* Gefährt passierte! Janka ist meine Große Münsterländerin, die meistens so aussieht, als wäre sie sich ihrer ganzen Schönheit bewußt. Aber auf der Jagd wird alles vornehme Gehabe von einer gewaltigen Passion hinweggefegt.

„Da soll doch gleich . . .", sagte ich in der Tür von Büchsenmacher Reichfleisch, bei dem ich ein Päckchen Kugelpatronen gekauft hatte.

Das meiste sagte jetzt die Dame, die nach einer Schrecksekunde bemerkenswert schnell ausgestiegen war: „Ach, du meine Güte! Nein, solche Ungeschicklichkeit! Wie mir das nur passieren konnte?! Ihnen gehört der Wagen? Ich bitte sehr um Entschuldigung! Sie werden doch nicht die Polizei rufen?" Die Dame war jünger als ich, etwa um die Dreißig herum, hübsch und elegant anzuschauen, dazu im Augenblick erheblich durcheinander.

Ich besah mir den Schaden. Meine Stoßstange hatte eine Delle, mehr war nicht geschehen. Der mattgraue Lack des Wagens hatte nicht die geringste Schramme. Ich beruhigte die immer noch sehr Aufgeregte: „Wenn Sie oder Ihre Versicherung die Geschichte in Ordnung bringen wollen, können wir uns die Polizei wohl sparen."

Ein wenig getröstet, holte sie ihre Handtasche, aus der zuerst eine Ansichtskarte zum Vorschein kam. „Rittergut Betzenhagen“ stand darauf.

„Betzenhagen . . .“, überlegte ich. „Das muß doch hier in der Nähe sein. Heißt der Besitzer nicht Krüger?“

„Das ist mein Mann?“

„Dann ist ja alles in Ordnung. Er wird die Rechnung bestimmt mit Vergnügen bezahlen oder dafür sorgen . . .“

„Wenn auch nicht mit Vergnügen, aber Sie können sich darauf verlassen.“

Janka fand, daß sie lange genug übersehen worden war. „Ich bin auch noch da!“ quiemte sie halb bettelnd, halb fordernd, am zu einem Drittel geöffneten Fenster.

„Was für ein schöner Hund!“ Frau Krüger wollte Janka streicheln.

„Vorsicht!“ sagte ich schnell, „sonst gibt es den zweiten Unfall! Neulich hat sie eine junge Dame, die dem Auto zu nahe kam, aufgefressen. Nur ein Schuh ist übriggeblieben.“

„Welcher?“

„Der linke!“

Wir sahen uns an und verstanden uns. Dann konnte ich wieder einmal der Versuchung nicht widerstehen, die jagdlichen Vorzüge der Hundetochter mit beredten Worten zu schildern und ihre Fehler nur am Rande zu erwähnen.

Im besten Einvernehmen verabschiedete sich Frau Krüger von mir. Ich hatte eine reizende Frau kennengelernt und würde eine neue Stoßstange bekommen. Das Ganze ereignete sich nach Ostern, ein Jahr vor meinem Unfall. Aber das ist eine andere Geschichte.

Vierzehn Tage später war alles zur Zufriedenheit geregelt. Außerdem bekam ich eine Bock-Einladung nach Betzenhagen, wo ich mich für beliebig lange Zeit einquartieren könne. Herz, was willst du noch mehr?

Aus dem sich ergebenden Briefwechsel erfuhr ich, daß Herr Krüger Nichtjäger war und elf Böcke aller Klassen auf dem Abschußplan ständen. Da nur Gäste sich um ihre Erlegung bemühten, würde die Zahl meistens nicht erreicht. Trotzdem sei es anzuraten, der größeren Auswahl wegen frühzeitig im Jahr zu kommen.

Den unglücklichen Rehböcken unseres Landes war in jenem Jahr als Eröffnungstag der großen Verfolgung ausgerechnet der Pfingstmontag beschieden. Zum Fest wollte ich natürlich in ein mir vorerst fremdes Haus nicht einfallen. Aber für die folgende Woche machte ich mich reisefertig. Zwei Probeschüsse auf dem Stand saßen so annehmbar, daß ich mir den dritten für den Bock in Betzenhagen aufhob.

❀

Hat der Mann ernste Augen! dachte ich, als mir der Hausherr am Pfingstdienstag gegenüberstand. Das ein wenig befangene Begrüßungsgespräch beendete seine Frau mit der Ankündigung, der Nachmittagskaffee sei auf der Terrasse angerichtet. Ich brachte meine Luxus-Pralinéschachtel an, die ich ohne Rücksicht auf gesellschaftliche Regeln Damen mit eigenem Garten im Sommer mitbringe. Dann bat ich um die Erlaubnis, Janka aus dem Auto holen und vor der Veranda ablegen zu dürfen. „In neuer Umgebung habe ich sie gern unter Aufsicht", sagte ich erklärend. „Zu leicht kommen Kinder dazu, und es gibt ein Malheur."

„Wir haben keine Kinder." Frau Krüger sagte den kurzen Satz ohne jede Betonung.

Es gelang mir, vor dem Eintreten einer peinlichen Pause zu antworten: „Auf einem Gutshof gibt es immer spielende Kinder. Vorsicht ist besser als Nachsicht."

Eine Stunde später fuhren wir zu dritt – oder vielmehr zu viert, wenn man Janka mitzählt – hinaus, damit ich das Gut und seine Grenzen kennenlerne. In seiner etwas stockenden Art, aber mit deutlich spürbarer Anteilnahme erklärte mir Herr Krüger die Eigenheiten des Betriebes. Bei besonders wichtig erscheinenden Themen hielt er an, um ausführlich und ohne Ablenkung sprechen zu können.

„Wir haben rund 330 ha Ackerland. Bei leichter bis mittlerer Bodenqualität und oft zu geringen Niederschlägen entschloß ich mich vor vier Jahren zur Anschaffung einer Beregnungsanlage. Nach der sehr hohen Investition können wir Zuckerrüben anbauen. Damit bekommen die Kühe eine zusätzliche Futtergrundlage. Je weiter vom Hof entfernt, desto leichter wird das Land. Hinten, wo Sie den dunklen Strich sehen, liegt der Wald, knapp 150 ha, meistens Kiefern. Mein Vater nannte ihn noch die Sparbüchse für Krisenzeiten. Heute bin ich froh, wenn ich nicht Geld zusetzen muß. Die Holzpreise hinken den Löhnen katastrophal nach. Am besten, man spricht nicht darüber."

„Die Absatzlage kann sich schnell ändern", versuchte ich zu trösten.

Herr Krüger lächelte bitter: „Wir wollen es nicht hoffen. Sie wissen, was das bedeuten würde; gelinde ausgedrückt: politische Schwierigkeiten." Dann hielt er wieder einmal an. Er zeigte auf einen – den von uns benutzten Wirtschaftsweg anscheinend mehrere hundert Meter weit begleitenden – Feldstreifen, auf dem die ersten Frühlingsblumen bunt durcheinander blühten. „Das ist mein Schmetterlingsgarten", sagte Herr Krüger. „Ein kleiner Luxus, den ich mir gestatte." Er sah dabei wie ein verlegener großer Junge aus, dem es schwerfällt, über ein ausgefallenes Steckenpferd Auskunft zu geben.

Seine hinter uns sitzende Frau half ihm: „Sie müssen wissen, daß mein Mann außer der Wirtschaft nur eine Leidenschaft kennt, seine Schmetterlingssammlung. Wohlgemerkt, er kauft keine Seltenheiten dazu. Was nicht selbst gefangen ist, gilt nicht."

„Sie dürfen aber nicht glauben, daß ich mit meiner Passion die immer seltener werdenden Schmetterlinge noch mehr gefährde", erklärte Herr Krüger. „Habe ich von einer selten gewordenen Art ein unlädiertes Männchen und Weibchen, wird kein neues Exemplar gefangen."

„Wie bei der Jagd: Der Zuwachs entscheidet, was man ernten darf."

„So ungefähr. Auf diesem Streifen wachsen nun möglichst viele Pflanzen, die von den Raupen seltener Arten gefressen werden, z. B. die Wilden Möhren, an denen der Schwalbenschwanz seine Eier ablegt."

„Da steht ein Reh!" sagte Frau Krüger und hob ihr kleines, aber nicht billig aussehendes Glas, mit dem sie zu einem entfernten Roggenrand hinübersah.

Ich folgte ihrem Beispiel. „Ricke", sagte ich. „Sie ist noch ganz grau und hat schon gesetzt. Die Flanken sind eingefallen."

Einige Minuten später erreichten wir die einzige größere Wiese des Gutes. Sie war halb von Wald umgeben, halb ragte sie ins Feld hinaus. An der vorderen Holzhecke stand eine Kanzel. Augenscheinlich war es die günstigste Revierecke. Hier sollte ich den Abend verbringen. Das Angebot, mich gegen neun Uhr abzuholen, schlug ich aus. Der Weg zum Hof war nicht zu verfehlen. In einer halben Stunde konnte er zurückgelegt werden.

„Wenn Sie es unbedingt so haben wollen . . .", sagte Frau Krüger. „Dann bringen Sie wenigstens den richtigen Abendbrothunger mit."

„Bitte, lassen Sie sich um Himmels willen in Ihren Gewohnheiten nicht stören", sagte ich schnell. Unter keinen Umständen sollte das Ehepaar meinetwegen länger aufbleiben.

„Aber nicht doch! Wir sind Nachteulen und gehen meistens ziemlich spät ins Bett."

Janka legte ich hundert Schritt vom Hochsitz entfernt ab. Sollte ein ausziehendes Stück den Hund bemerken, mußte ich es sehen.

Der stabile Bretterkasten mit den zu kleinen Fenstern war nicht nach meinem Geschmack, besonders an einem schönen Maiabend; aber daran ließ sich nichts ändern. Immerhin stand der Sitz an der richtigen Stelle, von der aus die Wiese und das anstoßende Feld überblickt werden konnten. Das Gras war reichlich kniehoch und sollte, wie mir gesagt worden war, in der kommenden Woche gemäht werden.

Die Sonne stand hinter den Wipfeln einiger großer Randeichen, die das Kiefernstangenholz säumten. Ein Tauber gurrte verliebt. Dann erschien er mit klatschendem Flügelschlag in dem ihm eigenen Bogenflug. Da fing ein Reh an zu schrecken. Es klang nicht ängstlich, sondern drohend: „Hier bin ich, der Herr! Mach, daß du fortkommst!"

Plötzlich sah ich am Waldrand eine Bewegung, etwas Rehrotes zog durch das Unterholz. In einer Lücke verhoffte das Stück und äugte über die Keulen dorthin, von wo, wenn auch in längeren Abständen, das Schrecken noch zu hören war. Jetzt zog das Reh bis zum Wiesenrand. Ich erkannte einen Knopfbock. Damit wurde ich in nicht geringe Zweifel gestürzt. Natürlich hatte ich mich im Gutshaus nach dem bodenständigen Rehwild erkundigt. In der Diele hingen zwei Dutzend noch vom Vater stammende Gehörne, unter ihnen etliche starke, zwei Korkenzieher, ein Rosenstockbruch und ein Dreistangenbock, dessen Widersinnigkeit vermutlich durch eine Verletzung des Bastgehörnes entstanden war. Mir war gesagt worden, die Rehe seien gesund, gute Böcke und alte Ricken wögen bis zu 20 Kilo.

Nach einem möglicherweise auftauchenden Knopfbock hatte ich mich nicht erkundigt. Ich durfte einen Bock schießen, wie er mir Freude machte und nach den gegebenen Verhältnissen zu verantworten war. Das war eine großzügige Erlaubnis, für die ich mich mit gewissenhaftem Aussuchen erkenntlich zeigen wollte.

Da stand nun auf 150 Schritt der Jährling, der es nicht auf 20 Kilo, sondern auf ebenso viele Pfunde bringen würde, ein sogenannter typischer Abschußbock mit nichts auf dem „Haupt" als ein Paar erbsengroßen Erhebungen. Was sollte ich tun?

„Sei streng korrekt und frag heute abend nach", sagte ich mir und legte das Glas in den Schoß.

„Das ist nicht korrekt, sondern hinterhältig selbstsüchtig", bohrte es in meinem Inneren. „Stünde da ein ganz dicker Spießer mit spannenlangem Gehörn auf klobigen Rosen, würdest du nicht lange fackeln, besonders wenn er schon älter wirkt. Bei diesem Jammerböckchen denkst du doch nur, daß er so gut wie nichts an die Zimmerwand bringt. Und das mit dem Sich-Erkundigen ist doch oberfaul. Diese Böckchen werden von den alten Herren erbarmungslos hin und her gehetzt, so daß ein Wiedersehen zum mindesten fraglich ist."

Ich besah ihn mir noch einmal und seufzte tief auf: „Wie schwer ist es gelegentlich, ein guter Jäger zu bleiben."

Der Schuß da hinüber wäre aber zu gewagt. Der Bock mußte mindestens bis zu dem Wildrosenbusch ziehen. Dann knallte es! Verschwand er vorher im Holz, hatte ich mein Gesicht gewahrt, wie es früher die Chinesen nannten. „Der Rosenbusch ist eine Art von Gottesurteil; unterwirf dich ihm!" Mein Entschluß war gefaßt.

Eine geschlagene Viertelstunde brauchte der Jährling bis zu dem von mir gesetzten Punkt. Dort stellte er sich zu allem Überfluß noch breit. Ein halblautes Schrecken oder Brummen bei geschlossenem Mund ließ ihn aufwerfen. Da drückte ich ab.

Schon öfter habe ich festgestellt, daß die Schußwirkung bei schwachem Wild geringer ist als bei starken Stücken. Möglicherweise fliegt ein großer Teil der Geschoßenergie ins Hinterland. Obwohl ich kurz hinter dem Blatt abkam, zeichnete der Bock ungewöhnlich durch Auskeilen mit einem Hinterlauf. Dann flüchtete er in die Wiese. „Na!" sagte ich vor mich hin, „Na!"

Nach dreißig Schritt wurde er kürzer; es sah so aus, als wollte er verhoffen, aber da brach er schon zusammen. Jetzt fing ich an, mich zu freuen: Ein sauberer Schuß und eine zwar fast zu leichte, aber doch wertvolle Arbeit für den Hund!

Vom Rosenbusch bis zum Bock zu führen war für Janka natürlich eine Kleinigkeit. Die Kugel saß etwa dreifingerbreit hinter der Blattschaufel. Somit war das eher auf einen Weidwundschuß deutende Zeichen eine Regelwidrigkeit.

Der Bock war im Wildbret so gering, daß er sich ohne weiteres zum Waldrand tragen ließ. Nur gut, daß ich meinen Rucksack mit der schweißdichten Einlage dabei hatte. Sonst hätte ich das Auto holen müssen, um mir die Jacke nicht schmutzig zu machen.

Auf der Terrasse brannte die Stehlampe, auf dem Tisch stand das Abendbrot bereit. An der untersten Treppenstufe legte ich den Rucksack ab. „Platz, Janka!"

„Sie haben schon einen?" rief Frau Krüger; es klang froh und erstaunt. „Das ist aber schnell gegangen!" Mit ihrem Mann kam sie zu mir herunter.

„Bitte!" Ich schüttelte das Böckchen heraus. „Ein Knopfer!"

„Tatsächlich! Er hat überhaupt kein Gehörn. Weißt du noch, Bernd, Onkel Gogo hat vor zwei Jahren einen geschossen und so getan, als sei es die größte Weidmannstat des Jahrhunderts."

„Die gibt es bei uns selten", sagte der Gutsherr in seiner abwägenden Art. „Um so besser, daß Sie ihn bekommen haben. In der Viehzucht heißt es immer, daß Jugendschädigungen später nie wieder einzuholen sind. Ich bin kein Wildbiologe, könnte mir aber vorstellen, daß es beim Rehwild ähnlich ist."

„Wenn Knopfböcke hier selten sind, würde ich sie immer wegnehmen, allein schon, um genügend stark in die Jugendklasse einzugreifen. Ob es eine besondere Hegetat ist, erscheint zweifelhaft. Wenn das erbbiologisch wertvollste Bockkitz des ganzen Kreises im September die Mutter verliert, bleibt es vermutlich ein Knopfbock und muß ‚ausgemerzt werden', wie naive Jäger es nennen."

„Wir wissen es nicht, und wir werden es nicht wissen."

„Du, Bernd, der gilt doch nicht?" Das war die Frage, auf die ich gewartet hatte. Ich hätte die junge Frau umarmen mögen!

„Natürlich nicht! Der ist Zugabe."

Ich bedankte mich gebührend, brachte den Bock in den Keller und wusch mich. Das Abendbrot mit frischen Erdbeeren aus dem eigenen Garten als Abschluß schmeckte prachtvoll.

Nachher bei einem sehr trinkbaren Mosel kam das Gespräch wieder auf das Lieblingsthema des Hausherrn, die Schmetterlinge. „Mir fällt etwas ein, was Sie möglicherweise interessiert," sagte ich. „Im vergangenen Mai war ich bei einem Freund 100 km südlich von hier auf einen Bock eingeladen. Es wurde übrigens einer meiner ältesten, ein ungerader Sechser, mit 21 Kilo Bahngewicht. In diesen Tagen bat ich die Besitzerin meines Gasthofes um ein paar Knochen für Janka. Alle Tage nur Trockenfutter war nicht ganz nach ihrem Geschmack. Ich bekam eine Riesentüte, deren Inhalt für eine Woche gelangt hätte. Draußen im Revier gab ich ihr einige. Die aussortierten Röhrenknochen von Geflügel und den Rest warf ich im Wald an den Rand der befestigten Straße. Sie würden schon einen Liebhaber finden. Nach zwei Tagen kam ich vormittags vorbei. Da saßen auf den Knochen mehrere Schmetterlinge."

Bernd Krüger setzte sich aufrecht hin. „Was für eine Art war es? Wie sahen sie aus?"

„Ihre Art kannte ich nicht. Sie waren so groß wie ein Trauermantel oder ein Pfauenauge, aber nicht so lebhaft gezeichnet. Die Flügel schimmerten dunkel-stahlblau und wechselten die Farbe im Spiel des Sonnenlichts. Es gibt solche Stoffe – ich mag sie nicht besonders leiden – sie heißen, glaube ich, Changeant."

„Schillerfalter", sagte Bernd Krüger ergriffen. Es klang, als ob er vor einem Gemälde ehrfürchtig festgestellt hätte, es handele sich um einen echten Rembrandt. „Marion, in den Fachbüchern steht, man solle sie mit altem Käse anködern. Ich habe noch nie einen gefangen. Wenn sich das ermöglichen ließe . . ."

„Ganz einfach!" sagte ich. „Das kostet nur zweimal hundert Kilometer oder vielmehr viermal: einmal zum Ködern und einmal zum Fangen!; sofern es beim ersten Mal gleich klappt."

„Für einen oder im Höchstfall zwei – mehr würde ich von dieser Rarität nie fangen – führe ich noch weiter."

Mir kam das im ersten Augenblick verschroben vor, aber dann gab ich dem Hausherrn recht: „Ich kenne einen alten Jäger, der fährt in jedem Frühjahr mindestens fünfzig mal fünfzig Kilometer, nur um ein paar Schnepfen zu bekommen." Damals war das widersinnige Verbot, balzende Hähnchen zu bejagen, noch nicht erlassen. „Weswegen sollen Sie Ihrer Passion zuliebe nicht ein Sechstel der Strecke drangeben?!"

So wurde die Fahrt nach Groß-Ochsendorf – so heißt das Revier meines Freundes – für den nächsten Nachmittag beschlossen.

❁

Für das Frühstück war keine bestimmte Zeit angesetzt. Als ich in die Diele kam, traf ich nur Fräulein Sabine, eine Jungfer ohne besondere Reize. Herr und Frau Krüger ließen sich entschuldigen, wurde mir erklärt, sie seien zu den Koppeln gefahren. Ich solle mit dem Frühstück anfangen.

Zehn Minuten später kam ein junger Mann ins Frühstückszimmer gestürzt, Anfang zwanzig, schmächtig, sehr aufgeregt: Es sei ein Unheil geschehen. Die wilden Schweine wären in den anerkannten Pflanzkartoffeln gewesen. In der letzten Nacht. Herr Krüger schicke ihn. Er sei der Verwalter und heiße Petzke. Ob ich mir die Verwüstung nach dem Frühstück ansehen wolle und dann schießen! Sie müßten allesamt totgeschossen werden, diese Viecher!

Ich ließ mich tatsächlich von Herrn Petzkes Aufregung anstecken und beendete mein Frühstück im Eiltempo. Die Aussicht, womöglich auf einen Überläufer zu Schuß zu kommen, war zu verlockend.

Draußen ließ die Enttäuschung nicht auf sich warten. Der heimgesuchte Kartoffelschlag stieß mit seiner Schmalseite an einen dem geschlossenen Wald eingelagerten Erlenbruch. Der Acker war so feucht, daß man gut abfährten konnte. Ich fand die Tritte eines stärkeren Stückes und daneben die daumennagelkleinen von etlichen Frischlingen. Die Sachlage war eindeutig. Ich erklärte sie dem Verwalter und schloß mit der Feststellung: „Hier gibt es nichts zu schießen."

„Ja, aber der Schaden!"

„Den wollen wir mal in Ruhe ansehen." Auf dem blitzsauber hergerichteten Acker waren die Kartoffelkeime gerade beim Durchbrechen. Hier und da hatte die Bache eine Knolle herausgewühlt und wenig sorgsam gefressen; meistens lagen noch kleine Stückchen herum. Während Herr Petzke jammerte, zählte ich die vernichteten zukünftigen Stauden. Oben am Waldrand fragte ich: „Wieviel Kartoffeln sind ausgebuddelt? Was schätzen Sie?"

„Hundert mindestens oder mehr!"

„Sie haben sich ganz schön geirrt, Herr Petzke. Es sind genau fünfundzwanzig. Jetzt wollen wir mal rechnen. Es stehen auf einem Quadratmeter fünf Stauden, das gibt auf 10 000 qm, also einem Hektar . . . 50 000. Also beträgt der Schaden weniger als ein Promille. Das ergibt noch nicht mal zehn Mark. Damit sollte ein Großbetrieb wie Betzenhagen wohl noch fertig werden."

„Aber sie kommen wieder! In zehn Nächten, in zwanzig . . . Außerdem ist es anerkanntes Pflanzgut, in dem wir uns Fehlstellen überhaupt nicht leisten können."

Ich bot dem aufgeregten jungen Mann eine Beruhigungszigarette an. „Sie werden nicht wiederkommen", sagte ich mit Nachdruck. „Sehen Sie mal, Sie tragen trotz der Hitze Gummistiefel." Herr Petzke wußte nicht, worauf ich hinauswollte. Verwirrt sah er an sich hinunter. „Es geht schneller; morgens beim Anziehen."

„Wetten, daß Ihre Strümpfe abends ganz hübsch durchgeschwitzt sind?"

„Das schon, aber . . ."

„Passen Sie auf: Der Wind steht ins Holz hinein. Fahren Sie zu Feierabend hier her und legen Sie auf jede Feldecke einen Strumpf fünfzig Schritt von der Waldkante entfernt hin. Ich garantiere dafür, daß die Bache so schnell nicht wiederkommt."

„Das soll helfen?"

„Wenn es nichts hilft, lege ich mich in der nächsten Nacht raus und warte, bis die wilden Tiere kommen. Dann pirsche ich mich so dicht wie möglich an und komme ihnen plötzlich in den Wind. Sobald die alte Dame erschrocken zu schnarchen anfängt, schieß ich in die Luft. Was meinen Sie, wie die wilde Jagd dann abgeht, auf Nimmerwiedersehen."

„Ist das nicht gefährlich; ich dachte . . .“

„Wenn ich keinen der Frischlinge fange, der dann quietscht, denkt die Bache nicht daran, mir an die Hosen zu wollen.“

„Hoffen wir das Beste!“ sagte Herr Petzke. Seiner Stimme war anzuhören, daß er noch nicht voll überzeugt war.

Nachdem ich mir die Gutsgrenzen noch einmal hatte zeigen lassen, verabschiedeten wir uns. Herr Petzke mußte zum Hof zurück, ich wollte einen großen Orientierungsbummel antreten. Dabei überlegte ich mir, wo die Rehe stehen mochten und welche Äsung sie fänden. Bis auf den Roggen, an dessen Rand gestern die Ricke verhofft hatte, war das Getreide noch zu niedrig. Also steckten sie im Wald. Auf einem Zuckerrübenschlag war nicht eine Fährte zu finden. Ein Luzernefeld mochte schon anziehender sein. Der Dauerklee stand nicht besonders üppig. Dazwischen wuchs allerhand, was dem wählerischen Wild zusagen mochte. Eine am Wegrand stehende Distel ließ müde den Kopf hängen. Vor der Staude hatten plätzende Läufe den Boden wund geschlagen. „Janka“, sagte ich vergnügt, „hier hat das liebe Böckchen sein Gebiet markiert.“

„Jauuu“, sagte Janka und tat so, als ob sie noch etwas wittern könnte.

Der Westwind stand genau in den Bestand hinein. Also mußte ich mich ein Stück ober- oder unterhalb der Luzerne ansetzen. An beiden Stellen ließ sich genügend Deckung finden. Sollte ich heute abend hierher gehen oder bei dem ursprünglichen Plan bleiben, auf der Wiese den Bock anzusehen, dessen Schrecken den Knopfer geängstigt hatte? „Wir werden nachher fragen, wann die Wiese gemäht wird. Danach richten wir uns.“ Janka war zufrieden wie immer, außer wenn sie im Auto oder gar zu Hause bleiben muß.

❀

Herr Krüger war ein guter Fahrer. Nach anderthalb Stunden hatten wir Groß-Ochsendorf erreicht. Auf dem Hof meines Jagdfreundes fanden wir nur den zehnjährigen Jüngsten, der mit zwei Freunden Fußball spielte. Der Vater sei auf dem Rübenschlag mit der Hackmaschine, die Mutti in Klein-Ochsendorf bei Tante Meta. Ich erklärte unseren Besuch und schloß in gespieltem Vorgesetztenton: „Keine Fragen mehr? Wiederholen!"

Der aufgeweckte Flachskopf ging auf die kleine Komödie ein und sagte die Bestellung fehlerfrei auf. „Gut", sagte ich. „Zusatzauftrag: Hier sind zwei Mark. Dafür kaufst du bei Ölkes eine Tafel Schokolade. Die eine Hälfte kriegt der Sieger beim Fußball, die andere der Verlierer als Entschädigung. Und schöne Grüße an die Eltern! Wenn du die vergißt, hole ich die Schokolade wieder ab."

Die Jungen grinsten. „Das wird schwer gehen; aber die Grüße werden bestellt."

Sobald wir in mein altes Jagdrevier kamen, machte mich die Wiedersehensfreude redselig. Ich drehte mich zu der hinter uns sitzenden Marion Krüger um. Zuerst einmal mußte ich Janka ermahnen. Sie lag halb im Schoß der jungen Frau und ließ sich wohlig streicheln. „Wer wird so aufdringlich sein? Willst du mal in deine Ecke?"

„Nicht schelten! Daran bin ich schuld. Sie ist eine so entzückende Schmusekatze und hat ein so weiches Fell."

„Wie Sie wünschen. Das Haar ist fast zu weich, wie oft bei Hunden, die statt im Zwinger in der Wohnung leben. Sehen Sie, jetzt kommt der Gemeindewald. Das Altholz besteht aus Buchen, die Nachkriegspflanzungen auch aus Douglasien oder Lärchen. Groß- und Klein-Ochsendorf haben zusammen einen Förster, der seinen Kram versteht. Nur die Kulturgatter werden immer zu spät abgerissen. Da muß man dauernd höflich darauf hinweisen, daß die Rehe längst nicht mehr an die Wipfeltriebe herankommen. Das ist hier alles kalkhaltiger Lehmboden."

„Da kann es noch Schillerfalter geben", sagte Herr Krüger vor sich hin.

„Und gute Böcke", blieb ich bei meinem Thema. Auf einem geschotterten Weg fuhren wir leicht hangan. „Hier habe ich allerdings keinen bekommen, obwohl ich fast an jedem Tag von zehn bis zwei Uhr oben am Wegknick gesessen habe. Der Urlaub ist doch zu schade, um auch nur eine Stunde länger unnütz im Gasthof zu hocken."

„Und der Mittagsschlaf? Sie sind doch bestimmt auch morgens draußen gewesen", sagte Bernd Krüger.

„Man kann auch beim Ansitz mal eine Viertelstunde rumschlafen. Ich lasse mich nun einmal nicht davon abbringen, daß kein Bock sechzehn Stunden lang im Bett sitzt. Einmal in der ruhigen Mittagszeit wird er herumbummeln, um sich die Läufe zu vertreten und ein bißchen zu äsen. Aber hier ließ sich keiner blicken. Nur ein Schmalreh kam regelmäßig zu dem Weißklee am Gestellrand. Langsam, Herr Krüger, rechts an der Wendestelle halten! Wir sind da."

Der Weg hatte an dieser Stelle eine doppelt-zimmergroße Verbreiterung, damit auch schwere Holzfuhrwerke aneinander vorbeikommen konnten. Wir stiegen aus. Herr Krüger nahm die beiden Beutel mit festen Käsestückchen und kleingeschnittener Knopfbocklunge aus dem Wagen und streute die Köder am Rande des Altholzes aus.

Mir kam der Gedanke, daß ich mich für die großzügige Gastfreundschaft in Betzenhagen jetzt ein wenig revanchieren könnte. An unserem Weg lag ein annehmbares Ausflugslokal. Ich lud das Ehepaar dorthin zum Kaffee ein.

Bernd Krüger bedankte sich höflich, aber er sah nicht begeistert aus. Nach kurzem Zögern sagte er: „Bitte, nehmen Sie es mir nicht übel, aber mir würde der Kaffee am besten auf unserer Terrasse schmecken."

„Du schrecklicher Einsiedler!" Marion Krüger sagte es in liebevollem, keineswegs ärgerlichem Vorwurf. „Du wirst noch richtig menschenscheu werden."

Um dem Vorfall alles Peinliche zu nehmen, sagte ich lachend: „Ehrlich gesprochen, schmeckt auch mir der Betzenhagener Kaffee am besten."

Minuten später fing Bernd Krüger an zu sprechen, ohne daß er die Blicke auch nur einmal von der Fahrbahn abschweifen ließ: „Jetzt will ich Ihnen eine Geschichte erzählen, die ich von einer inzwischen verstorbenen Baltin habe. Ihr Vater war in der Zarenzeit irgendwo in den Ostseeprovinzen Polizeipräsident. Die alte Dame erzählte folgendermaßen: ‚Der größte Teil von Ösel gehörte einem etwas sonderbaren Baron. Sie müssen wissen, daß die Insel im Rigaer Meerbusen etwa doppelt so groß wie Rügen ist. Als der Mann eines Tages gefragt wurde, wie ihm St. Petersburg gefalle, sagte der Latifundienbesitzer: ‚Darüber möchte ich mir kein Urteil anmaßen. Ich pflege nur so weit zu reisen, wie ich mit den eigenen Pferden komme.'" Jetzt sah mich Herr Krüger einen Augenblick versonnen an. „Die meisten Menschen pflegen über die Anekdote zu lachen. Ich kann die Einstellung des Barons verstehen; mit gewissen Einschränkungen sehr gut sogar."

❀

Mit dem Wagen kam ich noch rechtzeitig zur Wiese. Als ich beim Aussteigen Janka sagte, sie solle sitzenbleiben, machte sie ein derart todtrauriges Gesicht, daß ich einlenkte: „Dann nicht, liebe Tante! Du darfst noch hundert Schritt mitkommen und wirst wie gestern abgelegt.“ Der leise jubelnde Aufschrei und eine wild geschwungene Rute waren das Dankeschön.

Wieder mußte ich bedauern, an einem so herrlichen Abend in einem so scheußlichen Kasten eingesperrt zu sein. Mit aller Kraft drückte ich gegen die Dachbretter. Sie waren dick genug und in bestem Zustand. Es wäre eine Kleinigkeit, auf ihnen einen Freiluftsitz zu bauen. Eine kurze Leiter würde hinaufführen. Bank und Geländer wären in einer Stunde Zimmermannsarbeit herzustellen. Dann säße man luftig und außerdem zwei Meter höher. Ich war von dem Gedanken so angetan, daß ich ihn – mit der Erlaubnis des Jagdherrn – am anderen Tag ausführen wollte, selbst wenn ich keinen Vorteil mehr davon haben würde.

Zehn Minuten später tauchte oben auf dem am Wiesenrand verlaufenden Wege ein alter Mann in einer langen, düster schwarz gefärbten Joppe auf, die nicht in die von der tief stehenden Sonne vergoldete Abendlandschaft paßte. Er ging langsam, beinah stolpernd, aber nicht so wie ein Betrunkener. Vor einem Busch breitete er zu meiner Verwunderung ein großes, gelbes Taschentuch aus, auf das er sich mühsam setzte. Dabei sah ich durch das Glas, wie sein Kopf vornüber sank. Ich bekam es mit der Angst zu tun: Noch ein paar Minuten, und er wird umkippen. Er schlegelt noch ein bißchen, und dann ist es aus. Mir bleibt nichts übrig, als Hilfe aus dem Dorf zu holen. Es war richtig unheimlich: König Lear, von aller Welt verlassen.

Man soll nie zu schwarz sehen! Nach einiger Zeit kam der alte Mann schwerfällig hoch und setzte seinen Abendgang schleppend fort. Als kleiner dunkler Strich verschwand er im Horizont.

Pünktlich wie am Abend zuvor begann das Reh im Bestand zu schrecken: „Hier bin ich der Herr. Wehe dem, der es wagt, in mein Reich einzudringen."

Ich versuchte, dem vermeintlichen Bock in etwas höherer Tonlage zu antworten. Vernahm er einen geringeren Nebenbuhler, wurde er womöglich angegriffen? Das wäre eine noch nie beschriebene Jagdart.

Schnell gab ich meine Bemühungen auf. Es klang doch zu unnatürlich, wenn man in einem Riesen-Resonanzkasten steckte. Gegen acht Uhr wurde ich unruhig – der Unfug der „Sommerzeit" war noch nicht erfunden – und begann schon Pläne zu schmieden, wie ich am anderen Morgen zeitig zur Kanzel gelangen könnte, um hier zu warten, bis die Sonne in die Wiese schien. Dann würden die Rehe wahrscheinlich ein zweites Frühstück einnehmen, bevor sie zu ihrem Tageseinstand zogen.

Aus solchen Überlegungen riß mich ein dunkler Fleck am Waldrand, der mir fremd vorkam. Ja, es war ein Reh und sogar ein Bock – und was für einer! Hoch über den Lauschern waren matt schimmernde Enden zu erkennen. „Nun komm schon näher, solange das Licht zum Ansprechen noch reicht!" Er tat mir den Gefallen. Nach kurzem Sichern zog er in der Wiese schräg auf mich zu. Ab und an verschwand der Windfang im hohen Gras; aber nirgends verweilte der Bock zu längerem Äsen. Die Pflanzen waren anscheinend schon zu alt und verholzt, um einem nicht mehr hungrigen und entsprechend wählerischen Reh zu schmecken.

Ich ließ das Glas nicht mehr von den Augen. Auf achtzig, schließlich nur noch auf fünfzig Schritt zeigte er mir ein mit sechs langen Enden prahlendes Gehörn. Es war gut, beinahe schon stark, aber die Stirn, aus der es hervorragte, gefiel mir nicht: sie war zu bunt. Die braun-rot-schwarze und weiße Zeichnung ließ einen Drei- allerhöchstens Vierjährigen vermuten. Wenn am Gehörn etwas Wesentliches auszusetzen gewesen wäre, hätte ich keinen Augenblick gezögert. Aber diesen wortwörtlich bildschönen Kerl – noch dazu vor der Blattzeit – totzuschießen, bekam ich nicht fertig. Dazu war ich schon zu wählerisch und vorsichtig geworden.

Halb enttäuscht, halb zufrieden, daß die unbeschwerten Jagdtage noch nicht zu Ende waren, ließ ich das Glas sinken, bevor der Bock von mir fortzog. Ich kannte die gefährliche Lockung, von hinten in ein Gehörn zu schauen. Dabei präsentiert es sich meistens besonders vorteilhaft. Ich wollte nicht noch in letzter Minute schwach werden. Geduldig wartete ich, bis er die Wiese überquert hatte und in der Dämmerung der Feldmark verschwunden war. Jetzt konnte ich, ohne ihn zu vergrämen, Janka abholen und zum Wagen gehen.

Auf der Rückfahrt war ich bester Stimmung. „Janka", sagte ich halblaut, „das Abendbrot ist bestimmt wieder auf der Terrasse angerichtet. Da warten die beiden so verschiedenen und doch so sympathischen Menschen. Dann will ich mir die größte Mühe geben, ohne Angabe zu erzählen, welch' entsagungsvoller Jäger ich bin. Nach einer guten Tat fühlt man sich wie frisch rasiert und geduscht."

„Jauuu!" sagte Janka. Am Klang meiner Stimme hörte sie, daß ich vergnügt war, also war sie es auch.

Mein anschaulicher Bericht schloß mit den Worten: „Ich würde ihm noch mindestens ein Jahr in diesem sicheren Revierteil gönnen als Hauptbeschäler, wie man es in der Pferdezucht nennt."

„Wir werden es ganz eindringlich Onkel Gogo sagen, damit er ihn nicht schießt," half mir Marion Krüger dankenswerterweise. „Wie soll der Bock heißen? Bei uns bekommen alle wichtigen Tiere einen Namen."

„‚Der schöne Emil' oder, wenn Ihnen das zu gewöhnlich klingt, ‚Friedrich der Schöne'." Überlegend wiederholte sie den vorgeschlagenen Namen. „Irgendwie klingt das nach Geschichte. Dabei muß ich zugeben, daß ich gerade in diesem Fach in der Schule bedauerlich schlecht aufgepaßt habe."

Ihr Mann wußte Bescheid: „Friedrich der Schöne wurde von seinem Gegenkönig, Ludwig dem Bayern, gefangengenommen, irgendwann im 14. Jahrhundert." Dann wendete sich der Hausherr an mich: „Wie denken Sie über einen leichten Mosel?"

„Durchaus positiv."

„Dann hole ich ihn; er ist schon kühlgestellt."

Als wir allein waren, sagte ich: „Sie haben keinen ganz einfachen Mann, aber Sie sind zu beneiden, daß er keine Dutzendware ist."

„Das weiß ich genau, und dafür bin ich sehr dankbar."

❀

Am nächsten Vormittag suchte ich mir den Verwalter, um Handwerkszeug und Baumaterial zu erbitten. Aus Freude an der Arbeit wollte ich den Dachsitz auf der Wiesenkanzel einrichten.

Herr Petzke war mir zugetan. Die Sauen hatten sich nicht gezeigt. Ich warnte ihn noch einmal: „Die Strümpfe wirken natürlich nicht wochenlang. Gelegentlich müssen Sie sich etwas Neues einfallen lassen."

Auf der Wiese umrundete ein Trecker mit Mähwerk die immer kleiner werdende Pflanzeninsel. Auf einem etwa anderthalb Meter breiten Streifen fiel das abgeschnittene Gras auf den Boden. Es wäre ein Gleichnis des Todes gewesen, hätte man nicht gewußt, daß in wenigen Wochen frisches Grün heranwachsen würde. Schon auf dem Hof hatte ich ein stabiles Leiterchen gezimmert. Ohne Schwierigkeit ließ es sich neben der Tür so anbringen, daß man gefahrlos hinaufsteigen konnte. Dann baute ich auf dem Dach eine wunderschöne Bank mit Geländer. Mit Gott und der Welt zufrieden, soweit sie Betzenhagen betraf, rauchte ich nach getaner Arbeit die Belohnungszigarette. Wieviel angenehmer saß man im Freien als in der muffigen Kiste unter mir!

Schon gegen fünf richtete ich mich hinter einem Ginsterstrauch so am Wandrand ein, daß ich die Luzerne überblikken konnte. Ich war sehr früh zur Stelle, damit der Bock, der die Distel zerschlagen hatte, unter keinen Umständen in eine feldwärts gelegene Senke zog, in der ich ihn nicht mehr sehen konnte. Lieber wäre ich noch fünfzig Schritt' weiter vorgerückt, aber der nicht besonders günstig aus Südwest kommende Wind verbot jedes Nähergehen.

Erst um sieben erschien das erste Stück. Es war eine graustruppige Ricke, die vor kurzem gesetzt hatte. Sie äste zehn Minuten lang so hastig, daß sie kaum einmal sichernd aufwarf. Dann verschwand sie im Wald, wo die Kitze auf sie warteten. Bald darauf kam ein schon leuchtend rot gefärbter Spießbock. Ich war schwer enttäuscht, daß es sich nur um einen Jährling handelte. Schnell erkannte ich aber das noch im Bast steckende Gehörnchen. Der hatte noch nicht gefegt! Auch aus seinem Verhalten war zu schließen, daß es sich nicht um den Hausherrn handelte. Mehrfach argwöhnisch zum Wald zurückäugend, zog der Spießer ins Feld hinaus, um dort im Orangerot der untergehenden Sonne zu verschwinden.

Gerade als ich um halb neun schon etwas verzagt auf die Uhr sah, wurde ich erlöst. Halb noch grau, halb fahlbraun, verließ ein starkes Reh den schon abenddunklen Wald. „Zum Schießen zu weit!" war mein erster Gedanke. Mit Hilfe des Zielstockes hielt ich das Glas ruhig. Es war ein Bock mit nur lauscherhohen, aber weit längeren, gamskrikkenartig nach hinten gebogenen Stangen. Das Gebäude wirkte deutlich stärker als das des verschwundenen Jährlings. Beim Ziehen wurde der Träger waagerecht gehalten. Das war ein alter, begehrenswerter Bock, den man nach der herrschenden Ansicht unbedenklich schießen durfte. Nur heute abend nicht! Über 150 Meter waren in der schon vorgeschrittenen Dämmerung zu weit.

Lautlos die Lippen bewegend, überlegte ich mir mit Janka die Lage: „Wir könnten morgen früh um drei Uhr aufstehen und den Rückwechsel besetzen. Bleibt der Südwestwind, paßt er erstklassig. Was geschieht aber, wenn die Geiß oder der Spießer zuerst einziehen? Im Holz winden sie uns und machen einen fürchterlichen Spektakel. Paß auf, schönes Mädchen, wir verschieben das bedenkliche Unternehmen vorerst und setzen uns am Abend auf die andere Seite des Feldes. Dann kommt uns das liebe Böckchen vielleicht näher. Und so scheußlich früh aufzustehen brauchen wir auch nicht."

❀

Am anderen Morgen kam die Hausfrau allein ins Frühstückszimmer. Ihr Mann sei noch im Stall mit dem Viehhändler, sagte sie zu mir. Als dann der Kaffee in den Tassen duftete, blickte sie, das Brötchen in der einen, das Messer in der anderen Hand, auf: „Ich möchte Ihnen etwas erklären."

„Ja . . .“ Ich antwortete so behutsam, wie man zu einem sich vorsichtig nähernden Tier spricht, das unter keinen Umständen erschreckt werden darf.

„Ich bin daran schuld, daß wir keine Kinder haben.“

„Ja?“

„Gleich nach der Hochzeit hat mir Bernd ein Pferd geschenkt. Er gab mir auch die Reitstunden – es war wundervoll. Camilla, so hieß die Stute, war so lammfromm, daß jedes Kind mit ihr ausgekommen wäre. Trotzdem bat mich mein Mann, mit dem Reiten aufzuhören, als das Baby unterwegs war. Ich schmeichelte ihm noch vier Wochen ab. Schließlich wollte ich ja keine Gewalttouren unternehmen, sondern ihn nur aufs Feld begleiten.“

„Das kann ich gut verstehen.“

„Dabei ist es passiert. Wir ritten im Schritt über ein Stoppelfeld. Plötzlich sprang ein Hase, ein ganz gewöhnlicher Hase, direkt unter Camilla auf. Sie bekam einen so entsetzlichen Schreck, daß sie einen gewaltigen Satz nach linksvorn machte. Ich flog so unglücklich aus dem Sattel, daß . . . Na ja, viel später hat mir der Professor auseinandergesetzt, daß ich nie ein Kind bekommen könne. Alle Leute in der Umgebung kennen diese Geschichte. Deswegen dachte ich, es sei richtig, sie Ihnen zu erzählen.“

„Sie sind wundervoll in Ihrer Ehrlichkeit“, sagte ich in ehrlicher Überzeugung. Ich suchte nach einem Trost: „Sehen Sie, in jedem Leben, in jedem gibt es einen dunklen Winkel, aus dem der Schatten nicht zu vertreiben ist.“

Wir hörten den Hausherrn kommen. „Lassen Sie sich nichts anmerken“, sagte Marion Krüger warnend.

„Ich werde doch nicht so plump sein.“

Nach der Begrüßung sagte Bernd Krüger noch ganz unter dem Eindruck der geschäftlichen Besprechung: „Drei Mark weniger je Zentner bietet er. Großen Spaß macht das Wirtschaften heute nicht mehr. Wenn sich die Bauern und Gutsbesitzer nicht immer so verbissen an ihren Besitz geklammert hätten, gäbe es bei uns nur noch Mammutfarmen oder Ödland."

Ich stimmte ihm zu: „Jawohl, nach dem Dreißigjährigen und dem Siebenjährigen Krieg war es so. Später die Caprivi-Zeit und die Weimarer Republik mit ihren katastrophalen Preisen . . ."

„Reden wir von etwas Erfreulicherem: Wollen wir heute zu unseren Schillerfaltern fahren?"

„Gern! Aber was geschieht, wenn keine gekommen sind?!"

„Dann sehe ich in regelmäßigen Abständen nach. Auch die Schmetterlingsjagd ist ein Lotteriespiel ohne Treffergarantie."

❀

Als wir im Groß-Ochsendorfer Wald hangauf fuhren, verspürte ich gelinde Erregung. Ich hoffte so sehr auf einen Erfolg! Zwanzig Schritt vor der Wegverbreitung hielt Bernd Krüger an. Jedes Geräusch vermeidend, stieg er aus und ging ein paar Schritte vorwärts. Nach kurzem Stehenbleiben kam er zurück: „Sie sind da! Viele! Ganz leise aussteigen!"

Wir pirschten uns im Waldschatten ganz vorsichtig näher, bis wir das kleine Naturwunder genau betrachten konnten. Sieben oder acht der harmonisch gebauten Falter saßen auf den Ködern, die, in der vorsommerlichen Wärme schon angefault, einen seltsamen Gegensatz zu den Schmetterlingen darstellten.

„Vier Männchen und drei Weibchen", sagte Bernd Krüger; seine Stimme klang heiser vor Aufregung. „Es ist so großartig wie damals die Raupe des Totenkopfes auf dem Tabakbeet. Ich werde zwei fangen, unberufen, ich will es versuchen."

„Auch Schmetterlingsjäger sind abergläubisch?!" flüsterte ich Marion Krüger zu.

Sie lachte lautlos: „Und wie!"

Ihr Mann verlängerte den Stiel des Gazenetzes mit einem Ansatzstück. Dann ging er, jede hastige Bewegung vermeidend, auf seine Beute zu.

Mein Herz klopfte spürbar. „Es ist genauso aufregend wie bei einer richtigen Jagd!" sagte ich halblaut.

Marion Krüger nickte stumm. Jeden Schritt ihres Mannes beobachtete sie mit ängstlichen Blicken. Er stand jetzt dicht vor dem ersten Brocken, auf dem nur ein Schmetterling saß. Auf dem nächsten wiegten sich drei Falter. Wenn die lebhafter gezeichneten Männchen die Flügel bewegten, schillerten sie wie der Rücken eines alten Birkhahnes.

Behutsam, Zentimeter um Zentimeter, näherte Bernd Krüger das Netz dem arglosen Schmetterling. Da erhob er sich in die Luft!

Marion seufzte tief auf, sagte aber nichts. Ich machte eine verzagte Bewegung mit den Händen, als wollte ich ihn festhalten. Bernd Krüger stand bewegungslos. Seine dunklen Augen folgten dem Davongeflogenen. Nach einem kurzen Bogenflug kam er zurück und setzte sich zu seinen Kameraden. Das Netz senkte sich im Zeitlupentempo. Ich bewunderte die Beherrschung des Fängers. Dann folgte das sekundenschnelle Zudecken.

„Du hast drei", sagte Marion tief aufatmend.

„Weidmannsheil!“ sagte ich. Unser Gruß paßte ausgezeichnet.

Bernd Krüger drückte vorsichtig die Gaze zusammen, damit sich die Gefangenen nicht durch Flattern beschädigten. Er zog ein Fläschchen aus der Tasche, aus dem er einige Tropfen auf zwei Falter träufelte. Es roch scharf, aber nicht unangenehm nach Äther und Krankenhaus. Der dritte wurde freigelassen. Er flog höher und höher, bis er im hellen Grün des jungen Buchenlaubes unseren Augen entschwand.

„Es war ein blaues Männchen“, sagte ich. „Sie hätten ihn behalten können, ohne den Bestand zu gefährden.“

Um mich ansehen zu können, richtete sich Bernd Krüger auf. „Das stimmt. Aber ich habe mir von Anfang an gesagt: ‚Zwei und keinen mehr! Sonst hast du kein Recht!‘“

„Wenn man seine Leidenschaft immer so im Griff hat . . “

„Man muß sich Mühe geben. Zwei unbeschädigte Exemplare glaube ich verantworten zu können. Sie müssen sowieso in ein paar Wochen sterben. Außerdem würde mir ein dritter keine Freude machen; im Gegenteil.“

„Das ist eine Einstellung, über die man nachdenken muß“, sagte ich betroffen.

❀

Pünktlich um fünf Uhr war ich am Luzerneschlag. Der Wind hatte sich auf Nordwest gedreht. Unbesorgt konnte ich mich an die andere Feldecke setzen. Würde der „Gamsbock“ kommen?! Er kam, sogar noch eine Viertelstunde früher als am Vorabend. Breit zog er auf siebzig Schritt in das Futter. Ich legte die Büchse auf die Zielgabel und brummte bei geschlossenem Mund. Der Bock warf auf und äugte drohend umher. Er wußte nicht genau, woher der Ton gekommen war . . .

Im Schuß fuhr er mit dem Haupt weit vor, dann wurde er hochflüchtig. Einen Bogen beschreibend, verschwand er im Wald. „Setz, Janka! Willst du wohl!“ Ich gab der aufgeregten Dame einen Klaps. „Gebildete Hunde beherrschen sich. Wir wollen nichts übereilen. Nachher darfst du suchen.“ Ich war meiner Sache ziemlich sicher. Die Kugel mußte getroffen haben und sogar ins Leben.

Betont langsam packte ich meine Siebensachen zusammen und brachte sie zu dem in der Nähe abgestellten Auto. Das Fernrohr wurde im Futteral verstaut, Janka an den Schweißriemen gelegt. Dann suchten wir gemeinsam den Anschuß. „Hier war es!“ behauptete Janka in ihrer leicht verständlichen Gebärdensprache. Mit tiefer Nase wollte sie mich auf der Fluchtfährte vorwärts reißen. „Sachte! Eigentlich hätten wir noch warten müssen, aber es wird sonst finster. Saaachte!“ Auf einem breiten Blatt klebte ein Schweißspritzer. Das Licht reichte gerade noch aus, um die helle Lungenschweißfarbe zu erkennen.

Unter den ersten Randbäumen lag der Bock. War das eine Freude! Alles an ihm stimmte, die widersinnig verbogenen Gamskrucken, der Schuß dreifingerbreit über dem Herzen und das Alter von vier oder fünf Jahren, das ich mit tastend über die Zahnreihe gleitenden Fingerkuppen abschätzte.

❀

Abends bei der doppelten Freudenfeier, die dem Schmetterlingsfang wie der Bockerlegung galt, sagte Bernd Krüger wahrhaft großzügig: „Nach zwei richtigen Abschußböcken sehen Sie sich nun nach einem Starken um!“ Das war ein Angebot! Ich wußte, daß es ehrlichen Herzens gemacht wurde. Aber dann dachte ich an den dritten Schmetterling, dem das Leben geschenkt worden war. Mit vielen Dankesworten lehnte ich die Einladung ab.

Da mischte sich Marion Krüger ein und redete mit weiblich geschickten Worten zu. Für einen Augenblick wurde ich schwankend, dann kann mir ein neuer Gedanke: „Du warst jetzt so entsagungsvoll, daß es zum Himmel stank. Es gibt noch einen viel schöneren Weg!" Laut sagte ich: „Darf ich etwas ziemlich Anmaßendes aussprechen?"

„Sie dürfen!"

„Ich nehme die Einladung mit ganz herzlichem Dank an – für das nächste Jahr."

Beide hoben ihre Gläser: „Auf Wiedersehen im nächsten Sommer!"

Der Opfertod des Unvollendeten

Inge Billing, 24 Jahre alt, von sympathischem Äußeren, wenn auch keine ausgesprochene Schönheit, saß auf dem Galgenberg und ließ sich von der Sonne des letzten Augusttages bescheinen. Auf einem ziemlich großen Zeichenblock hatte sie mit andeutenden Strichen eine Skizze des gegenüberliegenden Marbachtales entworfen. Eine sanft ansteigende Wiese ragte dort ins Hohensteiner Holz hinein. Vor dunklen Fichtenwänden sorgten einzelne alte Birken für helle Farbflecke. Auf einer Koppel im Vordergrund grasten schwarzweiße Rinder. An der Wiese stießen der Staatsforst und zwei von verschiedenen Jagdherren ersteigerte Gemeindereviere zusammen. Es bestand demnach eine sogenannte Drei-Kaiser-Ecke mit allen an derartigen Lagen oft auftauchenden Problemen.

Ein gewagt großer Strohhut schützte die Augen des Mädchens vor den Sonnenstrahlen. Die Augen waren goldbraun. Ihr gelegentlich spöttischer, meistens aber warmherziger Ausdruck sprach von einem lebhaft zupackenden Temperament. Im Augenblick lag jedoch eine gewisse Ungeduld in Inges Blicken, die sich schon längst nicht mehr mit dem angefangenen Bild beschäftigten, sondern in immer kürzeren Abständen über die jetzt nach Feierabend menschenleeren Felder bis zum Dorf hinüberglitten.

„Na, endlich!“ sagte Inge vor sich hin, als eine Staubfahne am Horizont ein näherkommendes Auto anzeigte. Es verschwand in einer Bodensenke, tauchte, deutlich größer geworden, auf und hielt neben einer Schlehenhecke. Ein Mann in dunkelgrünem Anzug stieg aus. Das Mädchen griff zu der neben ihm stehenden geräumigen Handtasche, um sein Fernglas hervorzuholen, schüttelte dann aber den Kopf: „Zu auffällig!"

Der Mann kramte im Auto und belud sich mit Gewehr, Jagdglas, Rucksack und Mantel. Dann bemerkte er Inges bescheidenes Studentenauto. Er schaute eine Weile durch das Glas, dann kam er den Feldweg herauf. Inge beugte sich über den Block und begann emsig zu stricheln.

„Guten Abend", sagte der Mann. „Ich bin der Jagdpächter."

Inge erwiderte den Gruß: „Hoffentlich störe ich nicht." Dabei sah sie den Jäger genau, aber nicht aufdringlich an: mittelgroß, mittelalt, mittelblond und mittelsympathisch. Ein derartiges Urteil auf den ersten Blick hin konnte genau stimmen oder – was die letzte Schlußfolgerung anbetraf – gewaltig danebengehen.

„Stören? Nein. Das heißt, wenn Sie hier auf dem Galgenberg sitzen bleiben und nicht in der Weltgeschichte herumlaufen." Der Mann deutete eine Verbeugung an: „Ich heiße Geißhöfer."

Inge war in diesem Punkt so altmodisch erzogen, daß sie ihren Namen nicht nannte. „Wo soll ich n i c h t hingehen?" fragte sie bereitwillig, um jeden Ärger zu vermeiden.

„Drüben zum Wald rüber, wenn ich bitten darf. Morgen fängt die Jagd an, auf Damhirsche."

„Damhirsche? Sind das die aus dem Fernsehen, die . . . die ‚uhaaaa' machen?"

„Um Himmelswillen!" Herr Geißhöfer deutete eine leichte Erschütterung an. Dann gab er eine kurze Erklärung ab, wie grundverschieden Rot- und Damhirsche seien. Anschließend verabschiedete er sich eilig, er müsse schleunigst seinen Hochsitz neben dem Apfelbaum beziehen, sonst vergräme er sich das auf die Wiese ziehende Wild.

„Dann viel Glück!“ sagte Inge mit einem höflichen Lächeln.

„Auch das noch!“ entfuhr es Herrn Geißhöfer. „Sie müssen noch viel lernen.“

Inge war für die Nacht im „Goldenen Engel“ zufriedenstellend untergebracht. Leider stand das einzig verfügbare Telefon neben der Theke und somit in Hörweite der Engelwirtin. Der gerade noch vollschlank zu nennenden Dame konnte man nicht vorwerfen, ein mangelndes Interesse am Privatleben ihrer Gäste zu besitzen. Deswegen sagte Inge am Abend nach dem Wählen als ersten Satz: „Doc, let us speak English, you know . . .“ Auf dem Heimweg hatte sie sich ihre Vorschläge zu dem ausgeheckten Schlachtplan genau überlegt und in ihr leidliches Schulenglisch übersetzt: „Der sitzt doch auf seinem Apfelbaum wie auf dem Präsentierteller. Deswegen wird er sich so schnell zu keiner Heimtückerei (‚to an infamy‘) hinreißen lassen. Selbst dann nicht, wenn er Ihre Sprechstundenzeit genau kennt. Dann ist immer noch der Forstinspektor da. Vom Staatsforst aus läßt sich alles genau beobachten. Da kann ich das Marbachtal noch so oft abkonterfeien und werde doch nichts Belastendes feststellen.

Ihr oberschlauen Jäger seid doch manchmal komisch einfältig. Ihr müßt ihm eine Falle stellen. Natürlich ist euer Zukunftshirsch dabei geliefert (‚your buck with future‘). Aber er erleidet den Opfertod für eine gute Sache. Sie müssen ganz einfach zum nächsten Samstag ein Übungsschießen ansagen. Da setzen Sie sich wie üblich hinter einen Bierkasten. Bitte, keinen Einspruch, Euer Ehren! Wenn er Sie und den Forstinspektor da selig aufgehoben weiß, fährt er mit hundert Sachen an die Grenze, und da

sitze ich. Wie bitte? Natürlich ohne Auto! Schließlich habe ich genug Krimis gesehen, um alle Fehler zu kennen, mit denen sich da die Meisterdetektive lächerlich machen. Bye, Bye – Doc!"

„Sie haben wohl englisch gesprochen?" fragte die Engelwirtin scharfsinnig.

„Amerikanisch, Frau Fleischhauer. Mein Bekannter ist Amerikaner."

„Was Sie nicht sagen!"

So wurde überraschend zum nächsten Samstag ein Übungsschießen angesagt. Um fünfzehn Uhr trafen sich zwei Dutzend der eifrigsten Hegeringmitglieder, unter ihnen Herr Geißhöfer und sein Nachbar, ein noch recht junger Doktor Weller, der im Hohensteiner Holz eine kleine aber abwechslungsreiche Gemeindejagd gepachtet hatte, zu der die halbe Marbach-Wiese gehörte. Er war bei der Wahl seiner Eltern so glücklich gewesen, daß er sich die erhebliche Ausgabe mit guten Gewissen leisten konnte.

Als der Hegeringleiter seine Schäfchen zusammenhatte, konnte er es sich nicht verkneifen, die für den Damwildring vereinbarten Regeln noch einmal auseinanderzusetzen: „Jetzt zum Aufgang der Jagd energischer Eingriff in die Jugendklasse. Alles, was untermaßig ist, muß ausgemerzt werden. Die wenigen freigegebenen Schaufler der Klasse Ia sollen mindestens acht Jahre alt sein."

Brauereibesitzer Richter faltete die Hände ergeben über seiner beachtlichen Leibesfülle zusammen: „Mein lieber Otto! Das hast du uns im Februar auf der Versammlung 20 Minuten lang vorerzählt. Dann haben wir es schriftlich frei Haus bekommen, und jetzt verpaßt du es uns zum dritten Mal. Otto, du bist ein Wiederkäuer!“

„Nein, ein Skeptiker, der immer Angst hat, irgendeiner wird ihn nicht verstehen. Ich kenne meine Pappenheimer!“

Nach dem Schießen verabschiedeten sich die meisten schnell, um an dem schönen Abend ins Revier zu kommen. Dr. Weller und der Hohenholzer Forstinspektor setzten sich in das Vereinshäuschen zu einem halben Dutzend Gleichgesinnter. Zuerst loste man aus, wer nichts trinken durfte, um später ohne Risiko chauffieren zu können. Dr. Weller sagte leise: „Geißhöfer fährt ab. Er hat übrigens auf der Bockscheibe 48 geschossen.“

Der Forstmann nickte: „Schießen kann er. Hol's der Deibel!“

❀

Inge Billing ließ ihren Wagen tief im Hohensteiner Holz stehen. Dann ging sie – diesmal übrigens ohne Malutensilien – zu einem mit Dr. Weller genau festgesetzten Punkt, an dem sie sich verbergen konnte, kein Wild vergrämte und alles bequem zu überblicken war. Nachdem sie sich auf ihre Dreibeinstühlchen gesetzt hatte, mußte sie sich zum Hinausschauen hochrecken. Duckte sie sich, war sie versteckt.

Um sieben Uhr hielt das bekannte Auto an der Schlehenhecke. Zehn Minuten später hatte sich Herr Geißhöfer auf seinem Apfelbaum-Hochsitz eingerichtet. Von ihm aus konnte man die reichliche Hälfte der Wiese beschießen.

Bei Sonnenuntergang wurde Inge unruhig. Wenn der „Unvollendete“ ausblieb, war das ganze, so fein ausgeklügelte Unternehmen gescheitert. Den sonderbar klingenden Namen hatte ein etwa fünfjähriger Damschaufler bekommen, der – im Wildbret voll erwachsen – ein imponierendes

Geweih trug, dem aber als Zeichen der Reife der nach hinten ragende Dorn fehlte. Dem bekannten Hirsch sollten noch mindestens zwei Jahre Zeit gelassen werden, um den Höhepunkt seiner Entwicklung zu erreichen.

„Bis Weihnachten muß ich noch drei wichtige Arbeiten abgeben", dachte Inge. „Den Doktor kenne ich erst seit ein paar Wochen; also er gefällt mir schon . . . Trotzdem kann ich hier nicht bis in alle Ewigkeit hocken. Schließlich ist mein Studium . . ."

„Wöhh!" Im Wald hatte es geschreckt. Inge fuhr zusammen. Noch einmal: „Wöhh!", nicht ängstlich, sondern selbstbewußt, etwa in dem Ton: „Ich bitte mir Ruhe aus!" Vielleicht eine alte Ricke, die schlechte Laune hatte.

Dann kamen sie in die Wiese, vier Damhirsche: ein Spießer, zwei Knieper und ein deutlich stärker wirkender Schaufler, der Unvollendete.

„Wie mein Herz klopft", dachte Inge, „beinahe so schlimm wie damals, als Vati den starken Zehner schoß, der sein bester Hirsch geblieben ist. Ich mußte mich auf die Erde ducken und konnte nicht zuschauen." Sie ließ das Glas kaum noch von den Augen. Die vier Stück zogen auf den Apfelbaum zu. Es sah so aus, als ästen sie fast unter ihm. Der Jäger, der nur noch als dunkler Klecks auf dem offenen Hochsitz zu erkennen war, rührte sich nicht. Nichts geschah, gar nichts.

„Sie haben ihm Unrecht getan", dachte Inge. „Er ist nicht der Schwarze Mann, wie sie vermuten. Er denkt nicht daran zu schießen. Der Unvollendete steht jetzt genau vor ihm. In zehn Minuten ist das Büchsenlicht zu Ende. Ich hätte gern zum Doktor gesagt: ‚Siehst du, mein Plan . . .' Aber wenn der Unvollendete am Leben bleibt, ist es besser, denn . . ."

„Wummm!“

Eine halbe Stunde lang hatte Inge auf den Schuß gewartet. Als er jetzt, geradezu überlaut in der Abendstille fiel, wäre sie vor Schreck fast vom Stühlchen gepurzelt. „Also doch! Der Mistkerl! Armer Unvollendeter! Überall das gleiche: Die Besten sterben den Opfertod.“

Eine Woche später am Samstag vormittag fuhr Dr. Weller zu Herrn Geißhöfers schmucker Villa. Kurz vor dem Ziel fragte der junge Arzt die neben ihm sitzende Inge: „Hast du Furcht?“

„Mir ist ein bißchen mulmig zumute“, gab sie zu. „Aber ich hoffe, du wirst mich beschützen.“

„Und wie! Wenn er zu mucken wagt, erwürg’ ich ihn.“

„Das würde ich nicht tun. Es gäbe nur neue Komplikationen. Wir müßten die unappetitliche Leiche wegschaffen und alle Spuren verwischen. Nein, ich fürchte, daß er alles rundweg abstreitet und uns wutschnaubend an die Luft setzt.“

„Abwarten! Der Überraschungsangriff ist allemal die beste Taktik.“

Offensichtlich verwundert, aber mit betonter Freundlichkeit führte Herr Geißhöfer „den seltenen Besuch“ in sein Arbeitszimmer. „Was darf ich Ihnen anbieten? Einen Cognac? Ein Glas Portwein?“

„Danke“, sagte Dr. Weller kühl. „Wir möchten nichts annehmen. Bei unserem Kommen handelt es sich um eine sehr unerfreuliche Angelegenheit. Wahrscheinlich wird nachher der Kreisjägermeister erscheinen und Gendarmeriewachtmeister Krüger auch.“

„Ich verstehe kein Wort." Herr Geißhöfer wurde zu eiskalt abwartender Gelassenheit.

„Sie werden sehr bald verstehen. Gestatten Sie?" Ohne die Antwort abzuwarten, trat Dr. Weller zu der dem Schreibtisch gegenüber befindlichen Wand. Dort hingen ein Dutzend Gehörne und fünf Damhirschgeweihe.

„Was erlauben Sie sich?!" rief Herr Geißhöfer überlaut.

„Ich weiß, daß ich keinen Hausdurchsuchungsbefehl habe und so etwas überhaupt nicht vornehmen kann. Aber das würde mit dem Staatsanwalt am Montagmorgen schnell geregelt werden. Da!" Dr. Weller nahm den besten Schaufler von der Wand und roch zuerst daran. Dann entdeckte er unter einer der respektablen Rosen ein geringes Stückchen Decke. Er zog sein Messer hervor. Der winzige Fetzen ließ sich platt drücken. „Der Hirsch ist am vergangenen Samstag im Marbachtal geschossen worden; entgegen den Abschußrichtlinien, entgegen Ihrem Abschußplan. Innerhalb der vorgeschriebenen Frist wurde er nicht gemeldet. Die Ihnen drohende Gerichtsstrafe wird unerheblich sein. Aber Sie verlieren den Jagdschein und dadurch automatisch die Revierpacht."

„Das ist ungeheuerlich! Sie können mir überhaupt nichts beweisen! Gar nichts! Ich würde Sie am liebsten . . ." Herr Geißhöfer lief einmal im Zimmer auf und ab. Dann blieb er vor einem Wandschränkchen stehen und nahm eine Zigarre aus ihrem Kistchen. Endlich funktionierte auch das Feuerzeug. Ingrimmig wiederholte er: „Ich würde Sie am allerliebsten . . ."

Dr. Weller hängte das Corpus delicti an sein Häkchen zurück. „Was Sie am liebsten tun würden, ist uns klar", sagte er ruhig, „uns aus dem Tempel jagen. Aber das hilft Ihnen nichts, weil Fräulein Billing alles mitangesehen hat und Ihr Verschulden vor Gericht beeiden wird. Verstehen Sie, das Fräulein war am fraglichen Abend ebenfalls im Marbachtal."

„Dieses, diese . . ." Herr Geißhöfer mußte nach Luft schnappen. „Sie kann ja nicht einmal Rotwild von Damwild unterscheiden! Das kann ich beeiden."

Zum ersten Mal meldete sich Inge zu Wort: „Das würde ein Mein . . ., nein, ein Falscheid werden. Sie irren sich gewaltig. Ich habe das nur gesagt, um mich nicht auffällig zu machen. Aber in Wirklichkeit bin ich die Tochter eines Forstdirektors und von kleinauf mit der Jagd vertraut."

„Unglaublich, so ein Schwindel!"

„Der Zweck heiligt die Mittel. Sie haben den Schaufler geschossen. Wie oft beim Damwild blieben die anderen drei stehen. d. h., sie verhofften, weil er im Feuer lag. Später haben Sie – gegen jede Regel – den Erlegten nicht an Ort und Stelle aufgebrochen, sondern ihn, so wie er war, ins Auto verfrachtet. Von vornherein hatten Sie die Absicht, ihn zu verheimlichen."

„Tja", sagte Dr. Weller gemessen. „Dann wäre ja alles so weit klar. Da Fräulein Billing Zeugin ist, habe ich keine Befürchtung, daß Sie das Geweih verschwinden lassen. Es würde Sie nur noch mehr reinreiten. Wir können uns wohl verabschieden und alles übrige der Staatsanwaltschaft überlassen."

„Einen Augenblick, bitte!" Herr Geißhöfer ließ sich in einen seiner schönen Ledersessel fallen. Der Mann machte im Augenblick keine besonders gute Figur. „Ich gebe zu, daß ich den Hirsch geschossen habe. Es war ein Irrtum, sozusagen ein Fehlabschuß." Mit beiden Händen seine Worte unterstützend, suchte er nach weiteren Entschuldigungen. „Die Meldung wurde nur vergessen. Das kommt alle Tage vor. Ich weiß, daß die Formulare oft erst nach Monaten zu Herrn Baumann geschickt werden, wenn er energisch daran erinnert. Und das mit dem Hirsch ist mir zum ersten Mal passiert."

„Sie irren sich, Herr Geißhöfer! Dann wären wir nicht so argwöhnisch gewesen."

„Was wollen Sie mir denn sonst noch anhängen?"

„Seit drei Jahren habe ich das zweifelhafte Vergnügen, Ihr Nachbar zu sein. Immer wieder verschwinden uns genau bekannte Böcke auf Nimmerwiedersehen."

„So etwas kommt vor. Es gibt ein halbes Dutzend Reviere in der Gegend."

„Sie tauchen auf keiner Trophäenschau auf. Ich habe mir vor dem 16. Mai Skizzen gemacht und mit Herrn Tiemann in Pechhütte verglichen. Wenn wir beide uns hier genau umsehen, finden wir bestimmt noch ein paar, deren Meldung ‚vergessen' wurde. Inge, zähl bitte mal die Gehörne, damit keines verschwindet."

„Hören Sie mich an, Herr Doktor! Es ist so, weil . . . Ich meine, daß . . ." Herr Geißhöfer sprach derart leise, daß man ihn gerade noch verstehen konnte. „Man ist halt zu passioniert. Das ist das Ganze . . . Und denken Sie einmal nach, ist bei Ihnen nie so etwas vorgekommen? Ich meine, etwas Ähnliches?" Das Letzte klang geradezu flehend.

Bemerkenswerterweise protestierte der Doktor nicht. Die erste Elster, die erste Schnepfe . . . Beide waren auf der falschen Seite der Grenze heruntergefallen, ohne daß der Nachbar verständigt wurde. Die folgende Stille war bedrückend – für alle drei. Es ist kein erhebender Triumph, wenn ein angesehener Mann, der erfolgreich im Berufsleben steht, eine häßliche Schuld eingestehen muß.

„Ich möchte mich zu Wort melden“, sagte Inge; sie mußte sich räuspern, ihre Stimme klang heiser. „Aber zuerst gib mir eine Zigarette, Peter.“ Nachdem sie brannte, fuhr das Mädchen fort: „Was ich jetzt vorbringe, habe ich mir gestern abend überlegt, als ich nicht einschlafen konnte. Es ist nicht abgesprochen worden; bestimmt nicht.“

„Schieß los, Inge!“ sagte der Doktor aufmunternd.

„An einem großartigen Gerichtsverfahren hat niemand ein besonderes Interesse. Verliert Herr Geißhöfer das Revier, ist es für ihn ein schwerer Schlag. Aber solch’ ein Spektakel garantiert nicht einmal für die Qualität des Nachfolgers. Dem Wild wäre nur nachhaltig geholfen – mein Vater hat so etwas einmal an einer windigen Grenze durchgesetzt –, wenn eine Pufferzone, sozusagen ein neutrales Gebiet eingerichtet würde.“

„Wie stellst du dir das vor, Inge?“

„Ganz einfach: Sie verpflichten sich beide, auf Ihrem Wiesenzipfel nicht mehr zu schießen. Wie die Staatlichen sich dazu stellen, weiß ich nicht.“

„Das wäre vielleicht ein Ausweg“, überlegte der Doktor. „Mit Tiemann kann ich gut, und der neue Forstdirektor ist ein vernünftiger Mensch.“

„Solch’ ein ausgezeichneter Vorschlag kommt von einem Fräulein, das angeblich nichts von Jagd versteht“, sagte Herr Geißhöfer offensichtlich in dem Bestreben, die eisige Stimmung zu mildern. Er gehörte zu den Menschen, die der Volksmund „Stehaufmännchen“ nennt.

Nach einer halben Stunde war eine Abmachung schriftlich abgefaßt, die Inges Überlegung enthielt. Auch auf der Revierkarte wurde der neue Schonbezirk eingetragen.

Auf der Heimfahrt sagte der Doktor unvermittelt: „Willst du nicht deine Jagdscheinprüfung machen, Inge? Das meiste, was man an Theorie braucht, bringst du doch schon von zu Hause mit."

„Ich weiß nicht recht . . . Vati hat immer gesagt, niemand solle Jäger werden, wenn er nicht ein festes Revier unter dem Spiegel hätte. Er drückt sich manchmal etwas drastisch aus."

„Ich wüßte eins, das dir zur Verfügung stände, beziehungsweise deinem . . ."

„Vorsicht!" rief Inge schnell. Eine vielköpfige Schafherde drängte von einem Feldweg her auf die wenig belebte Straße. Der Wagen mußte scharf abgebremst werden. „Schäfchen zur Linken, Glück tut winken", sagte Inge vergnügt.

Der Mohr von Venedig

Diese Geschichte verdanke ich einer hochgeschätzten Freundin.

Kommt der 80. Geburtstag näher, kann man sich rückschauend schon einmal Rechenschaft ablegen, ob das Vergangenheit gewordene Leben nun eigentlich geglückt ist. Darf trotz Krankheit und Kummer, Trübsal und Tod die Frage ehrlich bejaht werden, sollte man recht dankbar sein. Als altmodische und sogar als starrköpfig verschriene Frau frage ich zuerst, wie es um meine Ehe bestellt war. Da kann ich zufrieden denken: Alles hat gut angefangen – mit dem Mohr von Venedig.

Ich erzähle die Geschichte mit besonderem Vergnügen, weil sie ganz nach meinem Sinn beschaffen ist: die Geschichte eines ausgelassenen, wagemutigen und nicht ganz ungefährlichen Abenteuers.

„Himmel . . . du hast dich mit Ebo verlobt . . . Himmel!" Das war die erste, etwas sonderbare Resonanz meiner Busenfreundin Lore Brandenstein auf die überraschende Kunde hin. Ich wußte genau, was sie jetzt dachte: „Der Ebo ist ein feiner Kerl. Aber viel zu schüchtern, zurückhaltend und weich. Wie hat er sich damals gesträubt, als ihn die Seelübber, selbst ohne Kinder, adoptieren wollten, damit das Gut in der Familie bleibe. Bis er zustimmte, hat es eine ganze Weile gedauert." Dann hatte sich Lore aber gefaßt: „Meinen herzlichsten Glückwunsch! Na, du wirst dich ja in dem erlauchten Kreis nicht unterbuttern lassen, Nickelchen!" Alle Abwandlungen des Wortes Karnickel waren meine Spitznamen. Die Familie, in die mein

Zukünftiger als ein Wesensfremder aufgenommen worden war, hatte an markanten Persönlichkeiten zwei Diplomaten, einen hochdekorierten General und einen eifrigen Gottesstreiter hervorgebracht.

❁

Wir heirateten an einem strahlenden Wintertag, ein Jahr vor Beginn des Zweiten Krieges. Es war das strahlendste Wetter, das ich überhaupt je erlebt habe. Ganz geblendet, mußte ich die Augen schließen, als wir aus der düsteren Dorfkirche traten, so glitzerte der über Nacht gefallene Neuschnee in einem von keinem Wölkchen getrübten Sonnenschein.

Nur langsam kamen wir auf dem alten, nicht mehr benutzten Friedhof mit seinen längst eingesunkenen Grabhügeln vorwärts. Gratulierende Gäste umdrängten uns. Sämtliche Gutsleute waren zur Stelle. Die Kinder, ohne die gestrenge Aufsicht des den Schlußchoral spielenden Kantors, drängelten und schubsten sich dazwischen. Halb verzweifelt mühte sich der Photograph der Kreisstadt, für seine Aufnahmen Platz zu schaffen. Lore Brandenstein knipste begeistert mit ihrer neuen Kodak den ersten Zwölferfilm ab. Dabei vergaß sie, wie sich später herausstellte, leider das Weiterdrehen. Außer dem schwarzen Vollbart von Onkel Ruppert war nicht das geringste zu erkennen.

Mir war richtig benommen zu Sinn. So habe ich Hauptsachen vergessen und erinnere mich überdeutlich an Unscheinbarkeiten. In den Zweigen der Hängebirke links vom Ausgang – meisterhafte Filigranarbeit aus Silber und Gold auf blaßblaue Seide gebettet – turnten ein Dutzend Zeisige. Hinter dem Erbbegräbnis in den Fliedersträuchern lockte ein Dompfaffenhähnchen. Ich konnte es aber nicht erspähen, obwohl ich unwillkürlich hinübersah. Dabei sagte ich immer von neuem die gleichen, leeren Dankesworte und bemühte mich, glückstrahlend zu lächeln.

Ein Stück abseits neben einem traurigen Sandsteinengel, dem die Nase und ein Flügel fehlten, stand mein Bruder Richard. Ein im Gegensatz zu allen anderen nicht feierlich gekleidetes Männchen berichtete ihm irgend etwas wahnsinnig Aufregendes. Das erkannte ich an seinem verzerrten Gesicht und den untermalenden Handbewegungen.

Alle Welt nennt meinen Bruder Richard Löwenherz, seitdem er damals der Schreckschraube, bei der wir Franze hatten, den lebenden Spatz in den Kathederkasten gesetzt hatte, was der Schrecklichen fast einen Schlaganfall, ihm fast den schlichten Abschied von unserer Penne eingebracht hatte . . .

Was mag er bloß haben, dachte ich damals, daß er dem unschuldigen Engel immerfort mit der geballten Faust auf den Kopf schlägt und so wütend mit den Achseln zuckt. Das sieht ja zu komisch aus. Der Überbringer der anscheinend so wichtigen Nachricht war das Seelübber Faktotum, Gärtner und Jagdläufer in einer Person. Mein Bruder hat bei meinem neuen Onkel die Landwirtschaft erlernt und war mit Schuddel bestens bekannt; so hieß das unscheinbare Männchen.

Jetzt schlängelte sich Richard an uns heran. Während ich die tiefempfundenen Worte der Frau Pastor Bräme über mich ergehen ließ, lauschte ich nebenbei, was Richard meinem frisch angetrauten Ehegemahl zutuschelte. Ich verstand nur den nicht nach Glückwünschen klingenden Anfang: „Verflucht! Verflucht! Dreimal verflucht!“

Nach vorn lächelte ich gewinnend: „Aber meine verehrte, liebe Frau Pastor . . .“ Wir kamen uns damals nicht dumm vor, wenn wir Frau Pastor, Frau Doktor und Frau Forstmeister sagten, weil diese Damen den Beruf ihres Mannes oft mit Hingabe teilten. Neben mir fing ich Bruchstücke auf: „Schuddel war im Revier, weil es Halunken gibt, die solche Kirchweih . . . pardon! auszunutzen versuchen; Holz mausen oder Schlimmeres. Eben kommt er und sagt, er hat den Mohr von Venedig fest. Er steckt im Kakelóh, zweihundert Schritte vor der Grenze. Und die Fürstlichen haben ihn natürlich auch gefährtet und die Zarnikower erst recht. Zieht er morgen ins Fürstliche, ist er erledigt. Die fackeln nicht lange, und steckt er im Bauerbusch, stellen sich sämtliche Jagdscheinbesitzer – es ist ja wohl ein gutes Dutzend – rundrum. Die lassen ihre Köter rein, und der Mohr wird umgepustet. Schuddel sagt, ich solle mich vorstellen, und er drücke ihn mir zu. Das Ganze würde noch keine halbe Stunde dauern . . . Nein, Ebo! Ausgerechnet an deinem Hochzeitstag schieße ich dir nicht das einzige Hauptschwein der ganzen Gegend tot. Kommt überhaupt nicht in Frage! In den nächsten 50 Jahren denkst du doch an den Tag: ‚Das war, als mein bester Freund den Mohr geschossen hat.'"

„Ich danke Ihnen von ganzem Herzen, Frau Pastor, von ganzem Herzen. Du, Ebo, Frau Pastor möchte dir gratulieren." Und zu meinem Bruder: „Schuddel soll in die Küche gehen und warten. Ich habe alles gehört. Beim Frühstück besprechen wir uns. Jetzt nicht."

❁

Die „Frau Tante", so nannte ich vorerst Ebos Adoptivmutter, hatte bestimmt, daß es nach der Trauung ein Frühstück geben würde. Das Dîner sollte erst um halb fünf beginnen. „Weißt du, mein liebes Kind", hatte sie gesagt . . . „Wenn bei Kommerzienrats geheiratet wird, brennen hundert

elektrische Lampen. Wir ziehen Kerzen vor. Und dazu muß es draußen dunkel sein. Die Vorhänge an den Fenstern zu schließen, genügt nicht, allein schon, weil die Türen andauernd geöffnet und geschlossen werden. Ich halte halb fünf für das Beste."

So saßen wir also „zwanglos an kleinen Tischen" in der Bibliothek und frühstückten mit Bedacht, um uns den Appetit auf die Hauptmahlzeit nicht zu verderben. Ich konnte es so einrichten, daß wir beide, Lore Brandenstein und mein Bruder, ihr Tischherr, zusammenrückten. Natürlich trat alle Augenblicke jemand zu uns. Aber zwischendurch schmiedeten wir den Schlachtplan.

Heute denke ich, daß ich damals von Jagd eigentlich sehr wenig verstand und das Einmalige, verkörpert durch ein Hauptschwein, gar nicht richtig einzuschätzen verstand. Und daß ich alles nur in Szene setzte aus Opposition heraus, in uneingestandener Auflehnung. Es war ein Vorhutgefecht: Wer wird nun in Seelübbe regieren, die Frau Tante oder ich. Ebo war drei Tage vor der Hochzeit als Besitzer eingetragen worden. Aber diese Stellung mußte er sich erst erobern, und ich wollte ihm dabei nach besten Kräften helfen.

„Paßt auf!" flüsterte ich. „Jetzt ist es Viertel nach eins. Der alte Kersten hält Punkt zwei mit den Rappen hinter dem Garten. Die brauchen bis zum Kakelóh zehn Minuten, wenn Kersten sie wandern läßt. Schuddel muß das Herausdrücken in längstens einer halben Stunde schaffen. Die ganze Geschichte ist doch nicht viel größer als der Gutshof. Und der Fuchs neulich . . ."

„Einen Fuchs kriegt man raus, wenn man bloß einmal hustet", sagte Ebo in seiner skeptischen Art.

„Dann hustet Schuddel eben dreimal, und seinen Rabauz, der mich neulich beinah gebissen hat, den nimmt er doch auch mit. Um drei, spätestens um halb vier, seid ihr zurück."

„Wenn jemand etwas merkt, würde es große Unzuträglichkeiten geben", sagte Ebo nervös.

„Unzuträglichkeiten! Da pfeif' ich drauf! Es geht hier um mehr als um Unzuträglichkeiten! Es geht um den *Mohr von Venedig!*"

„Nickelchen, du bist ausnahmsweise großartig", sagte Richard. „Aber ich habe ja nicht einmal ein Gewehr hier!" „Ich würde, gesetzt den Fall . . . die Doppelbüchse nehmen. Du könntest den Achtundneunziger . . . schießt einwandfrei."

Ich strahlte meinen Mann an. „Schnell! Sag Kersten Bescheid, ehe bei ihm das große Feiern anfängt."

Ebo war immer noch ein bißchen unschlüssig. „Ich halte es für gänzlich ausgeschlossen, hier lebend rauszukommen, ich meine, für länger als eine Stunde, weil wir doch sozusagen die Hauptpersonen . . ." Die Angewohnheiat, den letzten Satz nicht zu beenden, hat er später aufgegeben. Aber damals tat er so, als müsse noch irgendein Einwand, eine Einschränkung, bedacht werden.

„Das ist meine Sache", sagte ich ganz versessen auf meinen Plan. „Krieg' ich's nicht fertig, ist eben alles ins Wasser gefallen."

Ein Weilchen später ging ich zur Frau Tante hinüber. Sie saß im Herrenzimmer auf dem Ledersofa, Frau von Quiesel neben sich. Ich sagte: „Ach, Frau Tante, ich hätte eine Herzensbitte. Dürfen wir uns nicht eine Weile ins Musikzimmer zurückziehen, Ebo, Lore, mein Bruder und ich. Natürlich so diskret, daß überhaupt keiner etwas merkt. Der schwere Portwein, obwohl ich nur ein halbes Glas getrunken habe und nachher bei Tisch die vielen Aufführungen. Ich habe Angst, daß ich nicht durchhalten kann."

„Man kann durchhalten, wenn es drauf ankommt", sagte die Frau Tante mit ihrem Durchhalte-Gesicht.

„Und wenn ich meine Migräne bekomme ..." In meinem ganzen Leben habe ich nicht ein einziges Mal Migräne gehabt. Das kann ich mit gutem Gewissen beschwören. „Ach, Frau Tante, gestatte es doch, bitte!" Die zeigte ihr hoheitsvolles Gesicht – die Oberlippe wurde noch länger, als sie schon war – und wollte mich gerade abschmettern, da legte Frau von Quiesel los: „Nein, das arme Kind! Migräne! Ausgerechnet an ihrem Ehrentag! Wissen Sie, meine Beste, als ich neulich Migräne hatte ..." Das Antlitz der Frau Tante wurde milde, wie in Sauermilch eingelegt. Wir durften uns heimlich, einer nach dem anderen, zurückziehen.

Im Musikzimmer, in dem aber nur höchst selten Musik gespielt wurde, weil niemand in Seelübbe ein Instrument beherrschte, begann eine wilde Geschäftigkeit. Manchmal war mein Ebo fast ein wenig menschenscheu, aber seine Jagdpassion war ebenso riesengroß wie die meines Bruders. Langwallende Lodenmäntel wurden herbeigeschafft, derbe Schuhe und die Gewehre. Zum Schluß losten beide die einzig in Frage kommenden Stände aus.

Wir wurden so ausgelassen, daß Lore und ich über die Büchsenläufe springen mußten. Wir taten es sogar mit gutem Gewissen. Die jungen Mädchen von damals waren wohl nicht viel tugendhafter als die heutigen, es wurde aber höllisch auf sie aufgepaßt. Zum Schluß gelobten Ebo und Löwenherz sich feierlich: „Kein Neid! Unter keinen Umständen Neid!"

Kaum waren sie verschwunden, da kam die Tante schon inspizieren. Ich hatte das fast mit Gewißheit vorausgesehen, war also nicht verlegen. Sobald sie ihre adelsschöne Nase zur Tür reinsteckte, machten wir: „Schschscht! Leise, Schschscht! Sie haben sich nebenan im Kleinen Salon hingelegt, und wir versuchen hier ein wenig, die Augen zuzumachen." Da war die Frau Tante leidlich beruhigt und zog ab, nachdem sie uns eingeschärft hatte, wir dürften keinesfalls zu lange fortbleiben.

Wir beide, Lore und ich, warteten nun doch in großer Aufregung. Wenn es draußen schief ging, eine Nachsuche nötig wurde! Unausdenkbar die Verwunderung der Gäste! Wir wurden so unruhig, daß wir kaum noch stillsitzen konnten. Lore sagte sogar einmal: „Ob es wirklich richtig war . . ."

Endlich blaffte Hektor, der hinter dem Gewächshaus seine Hütte hatte. Da wußten wir, daß die Jäger zurück waren. Wenig später kamen sie angeschlichen. Mein Bruder hatte den Bruch an der Mütze, die ihm viel zu groß war und immerfort bis auf die Ohren rutschte. Ebo sah um die Augen ein wenig traurig aus; so gut kannte ich ihn schon, aber mit dem Mund lachte er, wenn auch vielleicht zu betont. Ohne mich um die beiden anderen zu kümmern, warf ich mich an seine Brust und küßte ihn ganz unbändig. Da wurden auch seine Augen froh.

Löwenherz sagte: „Ebo, du hast das Karnickel, ich den Mohr. Ebo, du bist der Beneidenswerte."

❀

Zum Erzählen blieb keine Zeit. Erst hernach, bei der gebackenen Seezunge, konnte mir mein Mann berichten. „Die Rappen waren wundervoll: Acht Minuten. Der alte Kersten hat geheult vor Stolz. Er war noch leidlich nüchtern. Schuddel hat seine Sache natürlich fabelhaft gemacht.

Sehr bald hatte Rabauz gefunden und keifte giftig. Du weißt, auf der kurzen Seite vom Kakelóh, wo ich stand, sind ein paar große Dornenbüsche, Schlehe, Hundsrose und Weißdorn. Da ging die Jagd auf mich zu. Einmal sah ich eine kleine Kiefer wackeln und ging schon in Anschlag. Was glaubst du, wie mein Herz geklopft hat! Dann küselte der Wind, nur für ein paar Sekunden, ‚Rrrrr!' hat er gemacht. Daraufhin drehte die Reise um . . ., und schon fing Löwenherz an zu schießen: Einmal – Pause – und zweimal schnell hintereinander. Da wußte ich, daß er ihn hat."

„Warst du sehr traurig, Ebo?"

„Sehr? Ich weiß nicht . . . ein bißchen wohl."

„Bist du jetzt immer noch traurig?"

„Nein, Nickelchen, obwohl Schuddel behauptet, er würde über drei Zentner wiegen. Na, das ist vielleicht ein wenig übertrieben."

Mindestens ein halbes Dutzend Tischreden wurden gehalten, deren Inhalt ich allesamt vergessen habe. Nur daran erinnere ich mich genau, wie Richard Löwenherz aufstand, gerade als die drei großen Eisbomben hereingetragen wurden. Er hatte wohl ziemlich viel getrunken, aber er hielt sich fabelhaft. Mit Donnerstimme rief er: „Hochverehrte Herrschaften! Der Mohr von Venedig, horrido!"

Die Frau Tante blickte indigniert, weil sie es für unschicklich hielt, daß einer der Gäste, der nicht mehr ganz nüchtern war, eine unangemeldete Rede hielt. Aber unter den Anwesenden waren genügend Jäger, die nichtahnend einstimmten.

Am lautesten habe ich gerufen. Nur daß ich bei jedem Horrido jubelte: „Rebellion! Rebellion! Rebellion!" Aber das hat niemand verstanden.

Im Schwarzen Moor

Mein Moorabenteuer begann beim ersten Übungsschießen des Jahres, als der neue Skeetstand eingeweiht wurde. Ungewöhnlich viele Mitglieder des Hegerings waren gekommen, die einen aus Freude an diesem pfiffig erdachten Sport, die anderen in der Erwartung, daß hinterher ein bißchen gefeiert werden würde.

Ich schoß in der zweiten Rotte. Bei der ersten Dublette bekam ich die Taube aus den Niedrig-Haus nicht. Später auf Stand 6 übereilte ich mich auf die rechts neben mir herausfliegende. Die andere wurde von dem berühmten „goldenen Korn“ gerade noch in zwei Scherben zerlegt. Auf die letzte, vom Hochhaus kommende, schoß ich vorbei. Da ich die übrigen 12 Tauben bei leidlichem Patronenverbrauch bekommen hatte, ließ ich es bei der einen Serie bewenden. Ich setzte mich in den Windschutz des Aufenthaltshäuschens in die schon wärmende Frühjahrssonne und schaute zu.

Konsul Meinhard kam heran und leistete mir Gesellschaft. Wir sprachen über die Quertaube von Stand 4, die uns beiden Schwierigkeiten machte, über die besten und die allerbesten Patronensorten und über das Phänomen, daß fast alle Anwesenden, einschließlich der Jungjäger, Zwölfer-Bockflinten führten, die im Ausland gebaut worden waren.

Während des geruhsamen Erzählens folgten unsere Augen den aus den Holztrichtern der Häuschen herausirrenden gelben Asphalttellern und registrierten mechanisch Treffer eins, Treffer zwei oder Fehlschuß.

In eine kurze Unterbrechung des Schießens hinein fragte ich: „Was macht die Jagd?"

„In Hootkrug ist alles in Ordnung. Das Wild ist gut durch den Winter gekommen. Breitmeier behauptet, daß er dreißig Böcke kennt. Der Mann ist eifrig und versteht etwas. Ich lasse ihn deswegen auch in jedem Jahr einen von den drei freien jagdbaren Böcken schießen."

„Einen guten Berufsjäger soll man sich halten", sagte ich. „Geld allein genügt nicht." Der Konsul bestätigte meine Ansicht. Dann sagte er mit einem Blick auf die Stände: „Leinhold schießt zu langsam. Wenn er sie mit dem ersten Schuß nicht erwischt, ist es für den zweiten schon zu spät." Und zu mir gewandt: „Aber im Schwarzen Moor stimmt leider etwas nicht."

„Wie meinen Sie das?"

„Vor vier Jahren habe ich es gepachtet, Eigenjagdbezirk, rund 200 Hektar. Ich habe es nur des Schnepfenstriches wegen genommen. Der ist dort ausgezeichnet, und in Hootkrug gibt es keine. Im nächsten Jahr wurde die Frühjahrsjagd verboten. Ein großer Blödsinn, aber was will man machen . . . Selbstverständlich gibt es auch Rehe; wir sind sogar Standrevier. Über die Hälfte besteht aus Wald oder, sagen wir, aus Busch, meistens Birke. Wo es trockener ist, stehen auch Kiefern und etliche, meistens alte Eichen."

„Was ist mit den Rehen los?"

„Ich fahre auch im Frühjahr in der Schonzeit raus. Da sieht man sie am besten. Nebenan ist eine große Wiesenfläche. Da habe ich im Anfang über zwanzig Stück gezählt; davon sieben bis acht Böcke. Aber von einem Jahr zum anderen werden es weniger."

„Wie ist der Nachbar?"

„Leidlich in Ordnung. Beide Abschußpläne sind vernünftig angesetzt. Einen Katastrophenwinter haben wir nicht gehabt. Und im Moor werden keine Kitze totgemäht."

Prümmer schlenderte vorbei. Als das Geld für den neuen Stand nicht reichte, hatte er 1 000 Mark gestiftet. Er strahlte und versuchte, bei seiner etwas kurz geratenen Gestalt möglichst gerade zu gehen. „Und sie hielten einen Rat", rief er uns zu. „Und der war klug!" rief ich zurück. Auf dem Kugelstand nebenan war nicht nur die Hornet zu hören, irgend jemand schoß mit einer großkalibrigen Büchse. „Wie geht es mit den Rehen im Moor weiter?" fragte ich den Konsul.

„Kurz und schlecht. Auch in diesem Frühjahr sind sie weniger geworden."

„Wie steht es um die Jagdaufsicht?"

„Ein auch nur einigermaßen zuverlässiger Ortsansässiger ist nicht vorhanden. Breitmeier fährt ein-, zweimal in der Woche rüber. Aber er hat zum Moor keine rechte Lust. Lieber wirtschaftet er in Hootkrug von früh bis spät herum. Da sind die Gehörne erheblich besser, und in jedem Herbst schießen wir ein Dutzend Fasanen mehr. Zum Schwarzen Moor muß er natürlich mit dem Motorrad fahren. Wer Augen hat zu sehen, weiß, daß er anwesend ist. Man kann die Ortschaft nicht vermeiden."

„Sie meinen, daß gewildert wird?"

„Ehrlich gestanden, ich weiß es nicht."

„Wie sieht es mit dem Verpächter aus?"

„Der alte Rahler? Das ist ein Fuchs. Das Gesicht wie ein Indianerhäuptling. Rahler ist ein Oberfuchs. Aber eine derartige Schweinerei, seine Jagd erst zu verpachten und hinterher zu wildern, kommt nicht in Frage."

„Warum hat er überhaupt verpachtet?“

„Einmal ist er nicht sehr passioniert, und dann wollte er einen neuen Mähdrescher anschaffen, ohne Schulden machen zu müssen. Deswegen hat er mir die Jagd gegeben. Neun Jahre Pachtzins waren auf den Tisch des Hauses zu legen.“

„Allerhand.“

Meinhard zuckte die Achseln. „Nun ja, es ist für mich auch eine Art von zusätzlicher Altersversorgung, wenn es mit dem Tabakgeschäft nicht mehr recht läuft, kann ich von der Jagd leben.“

Ich mußte lachen: „Vom Ertrag des inzwischen verbotenen Schnepfenstriches! Wie steht es um die übrigen Nachbarn?“

„Der Wiesenpächter ist in Ordnung und ein Großbauer, der auch eine Eigenjagd hat, ebenfalls. Aber auf der letzten Seite stinkt es. Da jagt praktisch ein Konsortium von fünf Büchsenträgern. Wenn jeder bloß einen Bock zu viel schießt, wäre der Reheschwund zu erklären.“

„Aber das wäre doch gesetzeswidrig!“

„Beweisen Sie einmal solche Übertretungen, wenn alles – wenigstens nach außen – ein Herz und eine Seele ist. Ausgeschlossen! Es ist auch nur eine Vermutung von mir. Möglicherweise wird auch richtig gewildert, wahrscheinlich mit dem Gewehr. Wir haben ein paarmal nach Schlingen gesucht, aber nichts gefunden, auch kein Fallwild, drei schwache Stücke ausgenommen, wie sie in jedem unfreundlichen Nachwinter zu verenden pflegen. Und trotzdem möchte ich wetten, das Verschwinden der Rehe geht nicht mit rechten Dingen zu.“

„Man müßte . . .“ Meine Phantasie war aufgewacht, gleichsam als sähe ich in finsterer Nacht ein helles Pünktchen, von dem man noch nicht wußte, ob es nur ein Leuchtkäferchen war oder sich zu blendenden Autoscheinwerfern entwickeln würde. „Man müßte das Revier längere Zeit hindurch intensiv, aber heimlich überwachen, sagen wir, um mit beiden Beinen auf der Erde zu bleiben, etliche Wochen lang."

Der Konsul zog sein Etui hervor und bot mir eine der leichten, aber besonders gut duftenden Zigarren eigener Herstellung an. „Ich habe auch schon an so etwas gedacht. Wo findet man aber einen geeigneten Menschen, der sich eines verhältnismäßig geringen Problems wegen zwischen Mücken und Holzböcken im Moor versteckt, von den pekuniären Forderungen abgesehen?!"

Schweigend rauchte ich einige Sekunden, um zu überlegen: Die Wochen nach Eröffnung der Bockjagd waren natürlich die günstigsten. Ich hatte noch sechzehn Tage Urlaub gut. Mit den freien Samstagen könnte man drei Wochen zusammenflicken. Bei Freunden durfte ich zwei Böcke schießen. Die bekam ich aber in der Blattzeit allemal. Drei Wochen Trapperleben . . . „Ich hätte Lust, Herr Konsul!"

„Sie? Das wäre erstklassig."

Jetzt folgte eine Erwägung der anderen, bis unser Vorhaben greifbare Formen angenommen hatte. Zum Schluß sagte der Konsul: „Natürlich dürfen Sie einen Bock schießen."

„Weidmannsdank! Ich nehme das freundliche Angebot gern an, aber ich meine, in diesen Wochen sollte nicht gejagt werden. Ich möchte nicht einmal ein Gewehr mitnehmen. Vermutlich werde ich ja doch von irgend jemand aufgestöbert. Dann bin ich eben . . . vielleicht eine Art von Biologe, der eine Abhandlung über die heute noch vorhandenen Schmetterlinge im Moor schreiben will, eine

Untersuchung, ob sie in einem großen Gebiet ohne Giftspritzerei noch so zahlreich sind wie früher."

„Verstehen Sie denn etwas von Schmetterlingen?"

„Als Junge war ich ein leidenschaftlicher Sammler. Das genügt; schließlich wird man keinen Befähigungsnachweis von mir verlangen. Sie geben mir für alle Fälle eine Bescheinigung mit, daß ich im Moor zelten darf und erzählen keinem Menschen etwas von meiner Anwesenheit."

Diese Absicht wurde nach eingehender Überlegung dahin abgeändert, daß der Hootkruger Jagdaufseher ins Vertrauen gezogen werden müßte. „Wenn ich Breitmeier sage, er brauche eine Zeitlang nicht ins Schwarze Moor zu fahren, freut er sich nur. Sollte es aber brenzlig werden, können Sie ihn zu Hilfe anrufen."

„Ist er verschwiegen?"

„Breitmeier? Bei einer solchen Sache? Da bekommt sogar seine Frau kein Wort zu hören."

❀

Vier Uhr. Was sollte ich jetzt anfangen? Zum Schlingensuchen war es mir zu naß. Gestern vormittag hatte mich der Konsul auf Schleichpfaden ins Revier gebracht. Der von ihm vorgeschlagene Zeltplatz gefiel mir. Er lag hundertfünfzig Schritte vom „Schulsteig" entfernt, auf dem die Kinder der Moorkolonie nach Sprekensal gingen oder radelten. Es war sehr unwahrscheinlich, daß mich jemand hier entdecken würde. Es gab an dieser Stelle weder Pilze noch Leseholz oder Viehfutter. Unter etwa dreißigjährigen Birken wucherte eine Krautfülle, die von Tag zu Tag mehr Deckung geben würde. Eine einzelne Eiche beschattete mit ihrer mehr in die Breite als in die Höhe gehenden

Krone einen stubengroßen Fleck, der nur mit kurzem Gras bewachsen war. Dieser ideale Zeltplatz lag nicht zu tief in den ruhigen Einständen. Es war anzunehmen, daß sich das Wild an meine Anwesenheit gewöhnte und sie als eine Ausweitung der bekannten Schulsteig-Unruhe auffaßte.

„Sie dürfen sich natürlich keinen Trampelpfad ins Freie anlegen", sagte der Konsul.

„Und am Schulsteig keinen Wegweiser anbringen ‚Zum Zeltplatz nur eine Minute'." Wir waren schon so vertraut miteinander, daß ich ihm ironisch-vergnügt antworten konnte.

Nachdem meine derzeitige bewegliche Habe unter der Eiche verstaut worden war, gingen wir die mir von der Revierkarte theoretisch bekannten Grenzen so vorsichtig ab, daß wir unentdeckt blieben. Durch Wiesen, Koppeln, Ackerstücke und einen breiten Vorflutgraben waren sie deutlich markiert. Überdies war ich unbewaffnet und durfte mich überall frei bewegen, ohne Ärger zu bekommen.

Die vom Rehwild bevorzugten Wiesen lagen an der Westgrenze des Revieres. An der gegenüberliegenden Seite folgten wir einem frisch angelegten Pirschpfad. Ohne in einen an günstiger Stelle angelegten Schirm zu treten, blieben wir im Baumschatten stehen. Vor uns dehnte sich eine umfangreiche, zur Nachbarjagd gehörende Blöße aus. Jenseits erkannte ich eine langgestreckte Baracke. Über einem der niedrigen Schornsteine schwebte Rauch.

Der Konsul erklärte: „Da haben früher zwei Torfstecherfamilien gewohnt. Seit das Geschäft mit Großmaschinen betrieben wird, sind sie fortgezogen. Man kann es verstehen: kein Strom, keine Wasserleitung und erst recht keine Kanalisation. Leider war niemand so geschwind, ein brennendes Streichholz in die Bude zu werfen. Der sehr ehrenwerte Bürgermeister von Sprekensal benutzt sie als eine Art von Obdachlosenasyl. Was ohne Geld und Unterkunftsmöglichkeit kommt, steckt er dort hinein."

„Ein erstklassiges Wilddiebnest."

„Genau! Aber nachzuweisen ist nichts. Zur Zeit ist ein jüngeres Ehepaar Dauermieter."

„Wie ist der Mann?" erkundigte ich mich.

„Den sieht man nur im Winter, wenn er keine Arbeit hat. Bei schönem Wetter steht er vor dem Haus und drückt sich die Fingerknöchel in den Hosentaschen wund."

Ich lachte. „Und wer wohnt noch in der Villa?"

„Ein mitteljähriger Staatenloser mit einer Art Wirtschafterin. Sie hilft in der Kantine unten beim Kanalbau. Das habe ich alles von der Wirtin im ‚Roten Hirsch', wo ich übernachte."

„Also überall Verdachtsmomente ohne Beweise."

„So ist es, und die sollen Sie ja liefern."

❀

Gegen fünf Uhr hörte der Regen auf, unter meiner Eiche wurde es heller. Ich konnte den Horizont nicht sehen, hätte aber wetten mögen, daß es im Westen aufklarte. Ein besonders günstiger Abend war zu erwarten, an dem alles Wild aus dem klitschnassen Busch auf die Äsungsplätze hinausdrängen würde. Obendrein war es der berühmte Abend vor dem Eröffnungstag der Bockjagd.

Mein Vater hatte mir mehrfach erzählt, daß er zweimal versucht habe, einen Bock – natürlich an gefährdeter Grenze – drei Stunden zu früh zu ergattern. Beide Male sei der Schuß vor Aufregung, schlechtem Gewissen und in der Angst vor dem Entdecktwerden danebengegangen. Wie mochte man hierzulande über eine Vordatierung denken? Nun, wenn es irgendwo knallte, würde ich es an diesem stillen Abend hören.

Beilchen, Fuchsschwanzsäge und eine Handvoll dreieinhalbzölliger Nägel – gut in ein Taschentuch eingewickelt – kamen in den Rucksack, eine halbe Tafel Schokolade als Überbrückungsproviant zwischen Vesper und Abendbrot in die Außentasche. Den Mantel schob ich unter die Riemen. Jetzt war es angenehm warm, aber später beim Ansitz würde ich ihn gebrauchen. Dann ging ich zur Himmelhoch-Fichte.

Beim Rundgang mit dem Konsul war mir der so gar nicht in die Landschaft passende Baum aufgefallen. Zwei aus einer gemeinsamen Wurzel kommende Stämme überragten die Birken um mehrere Meter. Sogleich kam mir der Gedanke, daß man aus der Spitze einen wunderbaren Rundblick über die tischebene Gegend haben müsse. Die untersten Äste waren abgesägt. Vermutlich holten sich die Leute hier das für Beerdigungskränze notwendige Tannengrün.

Nach einem achtsamen Pirschgang, bei dem mir weder Mensch noch Wild begegnete, war ich bei der Himmelhohen angelangt. Im dichtesten Dickicht sägte ich mir zwei unterdrückte armstarke Birken ab und deckte, obwohl es überflüssig war, die gelblich-weißen Stümpfe mit Moos zu. Auf vier Meter gekürzt, blieb genügend Material für die Sprossen übrig. Das Annageln verursachte kaum Lärm, weil die Nägel leicht in das weiche Holz eindrangen. Zum Schluß sammelte ich alle übriggebliebenen Zweige zusammen und versteckte sie unter einem dichten Strauch.

Mit Hilfe der Leiter gelang es ohne Schwierigkeiten, den untersten Fichtenast zu erreichen. Auf ihm stehend, zog ich mühsam die Leiter zu mir hierauf und stemmte sie nach oben, bis sie in den dunklen Nadeln verborgen war. Dann ging es zügig aufwärts. Eine brav gewachsene Fichte streckt im richtigen Abstand ihre Äste zur Seite. Jeder nur mittelmäßig begabte Kletterer kommt leicht hinauf.

Sobald ich über die Birnenkronen blicken konnte, machte mein Herz einen frohen Hopser. Welche Aussicht! Noch zwei Meter weiter, dann sah ich mich nach einem leidlich bequemen Sitz um. Auf zwei in gleicher Höhe wachsende Äste legte ich den Rucksack. Aber die Improvisation drückte doch im Laufe der Zeit. Bei meinem nächsten Einholetag in Altenhagen würde ich mir einen Sack besorgen, in den man ausgerupftes Gras stecken konnte.

Ein paar Äste mußten herabgezogen und an tiefere gebunden werden. Jetzt war die Fernsicht ungehindert. Die Baracke lag etwa 400 Meter rechts von mir. Ebensoweit entfernt war gegenüber das Revier der fünf Jagdscheinbesitzer. Links begannen die von den Rehen bevorzugten Wiesen und Koppeln. Wollte ich die letzten Parzellen sehen, mußte ich mich scharf nach links drehen. Ich nahm das Glas und begann an dieser unbequemen Stelle die wie ein Panorama vor mir liegende Landschaft zu studieren. Koppel – Melkschuppen – Koppel mit schwarz-weißem Vieh. Es stand zu einem Haufen gedrängt. Ein Trecker tuckerte daneben. Zwei menschliche Gestalten gingen hin und her. Eine Milchkanne blitzte im Widerschein der tiefstehenden Sonne. Eine Kuh brüllte dumpf in regelmäßigen Abständen. Ich trennte mich von dem friedlichen Bild. Neue Koppeln – ein zweiter Melkschuppen – uneingezäunte Wiesenstücke – ein rüttelnder Turmfalke.

Die mir gegenüber liegende Fläche konnte ich mit dem Glas nicht betrachten; die Sonne blendete unerträglich. Alles war in Gold und Purpur getaucht. Ohne Schwierigkeiten ließ sich dagegen die Baracke inspizieren. Durch einen primitiven Knüppelzaun war ein anscheinend schmaler Garten gegen das davor liegende Ödland abgegrenzt. Als helle Verzierung hingen zwei umgekehrte Nachttöpfe auf Zaunstaken. Gerümpel lag herum. Mehrere große, rotbraun gestrichene Propangasflaschen standen da. Kinder spielten vor dem Gartenzaun mit einem schwarzen Zottelhund. Hühner scharrten im Sand. Hocherhobenen Hauptes führte eine Gans ihre dottergelben Gössel. Nach dem Regen war die Luft so klar, daß alle Einzelheiten deutlich zu erkennen waren.

Plötzlich fiel mir ein, daß ich mindestens schon zehn Minuten auf meiner Schokolade saß. Ich zog sie hervor und hatte Schwierigkeiten, das Stanniolpapier abzuwickeln. Meine abscheulich klebenden Finger rieb ich an einem Fichtenzweig ab. Jetzt roch alles nach Weihnachten: Tannennadeln und Süßigkeiten.

In dem als hellgrüner Teppich unter mir liegenden Wald gab es eine schmale Blöße, auf der nur einzelne junge Birken standen. Immer wieder suchte ich die Stelle mit dem Glas ab. Die Vorstellung ließ mich nicht los, hier müsse Wild auftauchen. Endlich wurde ich belohnt. Mit dem bloßen Auge fing ich eine Bewegung ein. Unbeherrscht schnell hob ich das Glas. Ein Hase. Ein paradiesisch vertrauter Hase putzte sich umständlich den am Tage naß gewordenen Balg.

Das Melken war beendet. Aus dem geruhsamen Tuckern des Treckers beim Melken wurde das eifrige Arbeiten der Fahrt. Die Frau – mit einem roten Kopftuch – saß am Lenkrad. Der Mann hockte auf der Querbank. Er zündete sich die Pfeife an. Die ersten ausgepafften Tabakwolken waren erkennbar. Es war Punkt sieben. Nach dem Abzug der gewohnten Menschen würden die Rehe wohl bald erscheinen.

Zehn Minuten später sah ich das erste Stück. Immer wieder nahm ich mir vor, nicht sofort mit dem Glas hochzufahren. Jäger sind derart zu Sklaven der Optik geworden, daß es ohne sie kein Auskommen mehr gibt. Jeder Kugelschuß muß mit dem Zielfernrohr abgegeben werden, weil es sich oft nicht einmal abhaken läßt, und das Doppelglas wird auch dann sofort benutzt, wenn das menschliche Auge allein vorerst genügen würde. Meine Hände zuckten zwar in den Manteltaschen, aber ich konnte sie gerade noch zurück befehlen. Es war auch keine Eile vonnöten. Das Stück würde langsam ins Freie hinausäsen.

Das Ansprechen war einfach: Ricke, hochbeschlagen, grau. Sie kam natürlich als Erste, weil ihr Nahrungsbedarf am höchsten war. Außerdem werden um diese Zeit Muttertiere seit Jahrhunderten nicht bejagt. Das sollten sie eigentlich zufrieden bemerkt haben. Der folgende Blick durch das Glas bestätigte, daß ich mich nicht getäuscht hatte.

Jetzt würde es lebendig werden. War ein Vorposten draußen, kamen die nächsten Stücke gewiß bald hinterher. Irrtum! Zuerst trat eine ärgerliche Störung ein. Ein Mann auf einem Motorrad puckerte den vom Dorf kommenden Wiesenweg heran. Über seiner Schulter war ein Gewehrlauf zu erkennen. Ein großes Fernglas baumelte auf der Brust. Er fuhr geradewegs in den Melkschuppen der zweiten Koppel hinein. Die Ricke hatte das sich nähernde Rad zuerst ausgehalten. Sobald das Motorengeräusch aber verstummte, trollte sie mit verdrossen gespreiztem Spiegel in unseren Wald zurück. Wieder einmal war festzustellen, daß hochbeschlagene Stücke wie alte Böcke trollen, anstatt die für Rehe typische, beschleunigte Gangart, ein mehr oder weniger eiliges Flüchten zu wählen.

So ein Kerl! Wirklich? Weswegen war ich ärgerlich? Daß der Jagdberechtigte drüben an diesem günstigen Abend beobachten wollte, war schließlich sein gutes Recht. An seiner Stelle hätte ich es genauso gemacht.

Nach einer Viertelstunde war die Störung vergessen. Weit hinten, grau im Zartgrün der Wiese, kam eine Ricke und ein schon fast rot verfärbtes schwächeres Stück. Bei der großen Entfernung war das Geschlecht nicht anzusprechen. Da kein Gehörn zu erkennen war, blieb die Frage „Schmalreh oder Knopfbock“ offen.

Es folgte ein Bock mit lauscherlangen Stangen, die hell wirkten. Vermutlich waren sie erst in diesen Tagen gefegt worden. Es konnte ein für diese Umwelt frohwüchsiger Jährling sein. Gierig begann er zu äsen. Doch immer wieder warf er auf und äugte argwöhnisch zum Waldrand zurück. Man merkt es einem Stück an, ob es sozusagen gewohnheitsmäßig umheräugt oder etwas Bedrohliches befürchtet.

Bei uns im Wald schreckte es zweimal; es klang nicht ängstlich, sondern wie: „Platz da! Jetzt komm’ ich!“ Der junge Bock verstand die Drohung. Mit wiegenden Bogenfluchten rettete er sich ein gutes Stück in die Wiese hinaus.

Kurze Zeit später erschien ein starkes graues Stück in meinem Blickfeld. Wieder einmal vergaß ich alle guten Vorsätze und schaute sofort gespannt durch das Glas. Bock. Langes, mit beachtlichen Vordersprossen prahlendes Gehörn. Drei, vier, allerhöchstens fünf Jahre alt. Ich scheue mich immer davor, das Alter auf ein bestimmtes Jahr festlegen zu wollen. Selbst wenn man nach der Erlegung den Zahnabschliff vor sich hat, sollte man keine allzu

genauen Behauptungen aufstellen. Die mehr oder weniger dunkle Färbung der Zähne beeinflußt die Schätzung. Dabei muß ich immer an die alten Griechen denken, bei denen es seit Sokrates hieß: „Ich weiß, daß ich nichts weiß." Das war eine auch für uns empfehlenswerte Bescheidenheit.

Auf jeden Fall war es ein guter, wenn auch nicht kapitaler Bock. Für dieses Prädikat reichte die Stangenstärke keineswegs. Zwischen den Lauschern war noch „zu viel Luft". Noch ein paarmal despotisch vor sich hinbrummend, äste er sich auf beste Schußentfernung am Melkschuppen vorbei. Dem unsichtbaren Nachbarn mochte das Herz nicht schlecht klopfen! Aber keine Freveltat störte den Frieden des „Heiligen Abends" vor der Jagderöffnung.

Menschenstimmen und aufgeregtes Gegacker ließen mich zur Baracke hinübersehen. Dort wurden die Hühner, die noch nicht zu Bett gehen wollten, unter Aufgebot der gesamten Kinderschar in den Stall getrieben. Dann rief eine Frauenstimme: „Marion, reinkommen!" Mit wenig melodisch langgezogenem „a" wurde der Name ein paarmal wiederholt. Die kleine Bande verschwand im Schwarz der Tür. Kurz darauf zeichneten sich zwei Fensterrechtecke hell von der dunklen Hauswand ab. Nach außen hin hatte dort drüben die Abendruhe begonnen.

Jetzt hatte ich ein sonderbares Erlebnis. Eine Schnepfe quorrte und puitzte u n t e r mir. In der gerade einsetzenden Dämmerung strich sie, langsam suchend, am Rand der Hasenblöße entlang. Dann hielt sie auf mich zu und kam tiefer als mein Sitz vorbei. Vor der zweiten Brut setzt der Strich bei besseren Lichtverhältnissen ein als im Märzwald. Daß man höher sitzt als der Hochzeiter, dürfte nicht oft vorkommen.

Bis es dunkel wurde, sah ich gegenüber noch drei Rehe. Bei dem flammenden Abendrot war das Ansprechen unmöglich. Acht Stücke an dieser besten Seite des Reviers und an einem so günstigen Abend war nicht überwältigend.

Dann unterbrach das Anspringen des Motorrades den Abendfrieden. Mit aufgeblendeten Scheinwerfern fuhr der Nachbar aus dem Schuppen heraus. Die Rehe, die gerade noch als dunkle Tupfen zu erkennen waren, warfen auf, dachten aber nicht daran, im Schutz der beginnenden Nacht abzuspringen.

Abwärts ging es in meiner Himmelhohen schlechter als hinauf. Ich kannte die Tritte noch nicht auswendig und mußte mit der Fußspitze so lange tasten, bis ich den nächsten Ast gefunden hatte. Schließlich war ich dann aber doch ohne Beinbruch unten angelangt. Beinbruch? Stieße mir etwas zu, würde ich niemand zu Hilfe herbeirufen können, besonders wenn Wind mein Schreien übertönte. Ich müßte dann versuchen, mich an den nächsten Weg zu schleppen. Schlechte Aussichten für einen Menschen, der nicht so hart wie ein lauflahmer Bock war. Ein Grund mehr, vorsichtig zu sein. Mir fiel ein Hemingway-Zitat ein, das bei großzügiger Auslegung paßte: „Ein Pferd, das Trübsal heißt, hat noch nie ein Rennen gewonnen."

Nachdem ich die Leiter versteckt hatte, machte ich mich auf den Weg und verlor sofort den Wildwechsel, den ich am Nachmittag benutzt hatte. Ich hielt mich deswegen so lange rechts, bis ich zwischen den nachtschwarzen Bäumen den hellen Tunnel des Schulsteigs erreicht hatte. Auf ihm gab es keine Schwierigkeiten mehr. Da tauchte vor mir der Lichtschein einer Fahrradlaterne auf. Ich trat hinter den nächsten Busch und duckte mich.

Sein Rad schiebend, kam der Mann näher. Er sprach mit sich selbst oder hielt den Moorgeistern einen Vortrag:

„Und den und den und den! Schwarz Ihr Ludersch! Meta, noch ’ne Lage!“ Als er auf zwei Meter an mir vorbeikam, sagte er forsch-weinerlich: „Elfriede, ich komme nach Haus, wenn es mir paßt. Elfriede, du mußt nicht immer . . .“ Der Rest wurde zu einem unverständlichen Gemurmel.

Zehn Minuten später hatte ich mein Zelt gefunden, „mein liebes Zelt“, dachte ich schon. Essen – Rauchen – Nachrichten und Wetterbericht abhören – Schlafen. Ein warmes Glücksgefühl stieg in mir auf: Kein schwieriger Vorgesetzter – keine knifflige Arbeit, auf die man sich hundertprozentig konzentrieren mußte – kein schönes Mädchen mit eigenen Problemen, zu denen man Stellung nehmen sollte. Dafür die schweigende Vorsommernacht. Nur der in jedem anständigen Film vorkommende Eulenruf fehlte.

Gegen drei Uhr rumorte der Taschenwecker. „Steh auf!“ befahl ich mir. „In der Thermos’ ist noch ein Rest Kaffee.“ Man sollte sich immer mit einem angenehmen Gedanken munter machen; auch im Alltagsleben. Dann fällt es leichter, den kleinen oder großen Widerwärtigkeiten mit Gleichmut und Schwung zu begegnen.

Der noch leidlich warme, schwere, ein wenig bitter schmeckende Kaffee verscheuchte die letzte Müdigkeit. In wenigen Minuten war ich angezogen. Für Katzenwäsche und Zähneputzen mußte ich mir im Laufe des Tages ein verschwiegendes Plätzchen am Vorflutgraben suchen. Ich nahm den warmen Anorak; draußen war es empfindlich kalt.

Nach kurzem, scharfem Marsch erreichte ich die Wiesengrenze. Der mit Buschwerk eingefaßte Holperweg, der den Waldrand begleitete, gehörte noch zu unserem Revier. Da er öffentlich war, durften ihn auch die Nachbarn benutzen, allerdings nicht mit angeheiztem Schießeisen. Aus ähnlich gelagerten Fällen wußte ich aber, wie großzügig eine derartige Rechtslage ausgelegt wird: Wo kein Kläger ist . . .

Über dem Grünland schwebte lichter Nebel. Draußen stehendes Wild konnte mich nicht eräugen. Auch der zu dieser frühen Stunde noch schlafende Wind würde mich nicht verraten. Wie weit sollte ich gehen? Ich hatte es versäumt, mir am Tage einen geeigneten Beobachtungsstand zu suchen. Ich fürchtete, mit einem besonders früh aufstehenden Nachbarn zusammenzurumpeln. Kurz entschlossen stieg ich deswegen durch den flachen, trockenen Graben ins Holz und setzte mich, mit dem Rücken an einen Baum gelehnt, auf den Rucksack. Obwohl mir im Augenblick recht warm war, knöpfte ich den Anorak nicht auf. Das Frösteln würde sich früh genug einstellen. Ich schloß die Augen und atmete tief die kühle Morgenluft ein. Schlafen, nur für ein paar Minuten!

Ich fuhr hoch! Das Motorrad! Irgendwo im Graudämmern puckerte es. Ein aufgescheuchter Kiebitz jammerte wie eine verlorene Seele. Das Geräusch kam näher und verstummte rechts von mir am Waldrand. Vor mir wucherten Jungbirken. Ich rutschte so zur Seite, daß ich Deckung hatte. Dann saß ich reglos, mich ganz auf das Gehör verlassend.

Etwas rumpelte leise. Hatte jemand unachtsam mit dem Fuß an eine zu Tage liegende Wurzel gestoßen? Jetzt knirschte dicht neben mir der Sand. Ich duckte mich und schloß die Augen zu einem schmalen Spalt. Kaum fünf Meter vor mir ging ein Mann vorüber. Gegen den hellen

Himmel sah ich seine Silhouette in allen Einzelheiten. Auch den Gewehrlauf erkannte ich. So schnell wie der Spuk aufgetaucht war, so schnell verschwand er. Wie weit würde der Nachbar vorstoßen? Bestimmt hatte er einen gewohnten Platz am Koppelzaun. Saß ich gefährdet? Nein. Selbst wenn er großzügig über die Grenzverhältnisse dachte, würde er wegen des hindernden Buschwerkes nie den Weg hinunterschießen. Er wollte vielmehr seinen Bock in der Koppel abfangen. Ich fühlte meinen Herzschlag. Obwohl ich nur Zuschauer war, schlug es bis zum Hals.

Eine Bewegung dicht vor meinem Versteck ließ mich zusammenfahren. Es war ein Fuchs. Er äugte mich kurz an, dann verschwand er mit einer Riesenflucht. Wieder einmal mußte ich mit Bewunderung feststellen, daß die jedem Menschen in kritischen Situationen zugebilligte Schrecksekunde beim Fuchs und anderem erfahrenen Wild nicht vorhanden ist. Bemerkt es eine Gefahr, handelt es unverzüglich.

Mit dem Tagwerden erwachte ein schwacher Wind, der den Bodennebel ins Holz drückte. Erste Konturen tauchten auf, ein Dutzend Koppelpfähle, eine Bauminsel am Horizont, der etwas schief gedrückte Würfel des nächsten Melkschuppens. Minuten später versuchte ich es mit dem Glas. Die Grünfläche schien leer zu sein. Natürlich war das ein Irrtum. Wie sollte ich Rehe erkennen, besonders wenn sie um diese Zeit niedergetan waren?!

Dann sah ich schwarz-weiße Flecken in der übernächsten Koppel. Es waren die ruhende Kühe. Daneben war ein kleiner dunkler Punkt. Er wurde zu einem senkrechten, dann zu einem waagerechten Strich. Dort äste ein Reh, das man aber noch nicht ansprechen konnte. Ich setzte das Glas ab und wischte die Linsen mit dem kleinen weichen Tuch ab, das, nur für diese Verwendung bestimmt, in der

Brusttasche steckte. Jetzt wurde die Sicht von Minute zu Minute besser. Das neben den Kühen äsende Stück war der Figur nach ein Jährling, ob Schmalreh oder Knopfbock war auf reichlich 200 Meter nicht erkennbar; dafür reichte das Licht noch nicht aus.

In diesem Augenblick krachte es neben mir. Der Schuß donnerte wie der Auftakt zum Weltuntergang. Obwohl ich auf eine derartige Entwicklung gefaßt sein mußte, fuhr ich zusammen, als hätte mich ein körperlicher Schlag getroffen. Das Folgende geschah im Verlauf einer Minute.

Quer Koppel, von links nach rechts, zog, nein, humpelte ein Reh. Es schonte einen Vorderlauf. Entfernung hundert Schritt. Neben mir wurde repetiert. Das Geräusch war leise und klang trotzdem bedrohlich. Schuß! Der Bock quälte sich weiter. Jetzt mußte er aus dem Blickwinkel des Schützen verschwunden sein. Ohne zu verhoffen, zog das kranke Stück rechts von mir in den deckenden Wald.

Ich wußte, was jetzt kommen würde und machte mich in meinem Versteck sehr klein. Den Hut zog ich tief ins Gesicht. Von seinem hellen Oval und den sich zu schnell bewegenden Händen wird man zuerst verraten. Zur Bestätigung dieser Behauptung braucht man nur einen etwas unvorsichtigen Jäger auf einer offenen Leiter zu beobachten.

Schon knirschte der Sand auf dem Weg. Durch die Lidspalten sah ich den Mann deutlich. Er hatte ein ganz gewöhnliches, rötlich-gesundes Gesicht. Törichterweise hatte ich angenommen, er müsse wie der Kaspar einer mäßigen Freischütz-Aufführung aussehen. Die lange Joppe, die ausgebeulten Hosen, die schwach quautschenden Gummistiefel und der verblichene Rucksack – alles war durchaus nicht aus der Rolle fallend. Der Mann rauchte eine Zigarre, deren Geruch nicht in die klare Morgenluft paßte. Im

Nachschauen stellte ich fest, daß die Kammer des Repetierers geöffnet war. Damit wurde dem uns gehörenden Weg der nötige Respekt erwiesen.

Tief gebückt, schob ich mich vorwärts, um ihn nicht aus den Augen zu lassen. Er war jetzt etwa fünfzig Schritte entfernt und ging sehr langsam; dabei spähte er in unseren Wald hinein. Glaubte er an das Wunder, der Bock hätte sich so dicht am Holzrand niedergetan oder sei gar verendet?! Später drehte der Mann um und kam zurück. Obwohl es unwahrscheinlich war, daß er bis zu mir suchen würde, hielt ich mich bereit, jederzeit zu verschwinden.

Wie vorauszusehen war, blieb er halbwegs stehen. In seiner Haltung lag etwas Unschlüssiges oder auch Ratloses. Er schlug mit der Hand um sich. Die Frühaufsteher unter den Mücken hatten ihn entdeckt. Dann machte er kehrt und ging davon. Sehr klein wirkend, erschien das Motorrad ein wenig später auf dem zum Dorf führenden Weg und verschwand hinter dem ersten Roggenfeld.

Wenn der Nachbar korrekt vorging, rief er in zwei oder drei Stunden den Jagdaufseher in Hootkrug an und meldete den Vorfall. Dann kämen sie später zur Nachsuche. Dabei würde meine Lage brenzlig: Sollte ich mich sofort bemerkbar machen oder abwarten, ob ich unentdeckt blieb?

Breitmeier hatte einen Junghund in der Ausbildung, der in diesem schwierigen Fall nicht helfen konnte. Wie es bei dem Unglücksschützen stand, war unbekannt. Was geschah, wenn die Meldung unterbliebe? Wäre für ihn der Vorfall erledigt, oder käme er – ohne Gewehr – noch einmal zurück, um trotz aller Aussichtslosigkeit bei uns nachzuschauen? Wann käme er? Nach dem Frühstück oder in der ruhigen Mittagspause, wenn sich – jetzt kurz vor der Heuernte – niemand draußen blicken ließ? Ich beschloß, das Schlingensuchen zu streichen und statt dessen hier aufzupassen.

Erst jetzt fiel mir ein, daß ich keine Zeit gefunden hatte, das Gehörn des Bockes anzusprechen. War es der mit den langen Vordersprossen gewesen, der Jungbock oder ein anderer mir unbekannter? Keine Ahnung! Im Augenblick gab es hier nichts zu tun. Ich konnte ruhig zum Frühstück nach Hause gehen.

Tatsächlich hatte ich schon „nach Hause“ gedacht, als ich den Viertelstundenweg zum Zelt in der frohen Erwartung begann: den Kaffee brühen, der trotz des fragwürdigen Moorwassers wunderbar schmeckte, wenn man einen halben Teelöffel Pulver mehr nahm – geruhsam essen – eine Stunde schlafen.

Dann sah ich, an den Stamm der Eiche gelehnt, auf dem zusammengelegten Schlafsack, das niedrige Campingtischchen vor mir. Brot, Margarinewürfel, Schinken, Wurst und Marmelade standen zur Verfügung. Die beiden mitgenommenen Messer wurden aneinander geschärft. Ich nahm mir vor, möglichst langsam zu essen, um die halbe Stunde der Entspannung auszukosten. Es war kurz nach fünf Uhr. Neben mir gurrte ein Tauber. Ein unsichtbarer kleiner Vogel schalt. Wahrscheinlich ärgerte er sich über meine Anwesenheit in einem Waldteil, den er für sein Reich hielt.

Kein erlesenes Frühstück in einem Luxushotel wäre gegen meine Mahlzeit im Moor aufgekommen, so zufrieden fühlte ich mich. Nachher kam die Müdigkeit. Wie lange durfte ich schlafen? Bis gegen sechs wurden die Kühe auf der Koppel gemolken. Ich stellte den Wecker auf halb sieben. Dann wurden die Lebensmittel im Zelt in der großen Blechdose verwahrt, damit es keine unangenehme Überraschung mit Ameisen oder anderem Getier gab. Wie herrlich ist es, bei Müdigkeit sorglos schlafen zu dürfen!

Ausgeruht schlich ich mich anderthalb Stunden später zum Schulsteig. Heimlich lachte ich über meine übertriebene Vorsicht. Aber ich hatte Zeit und noch einmal Zeit; weswegen sollte ich unvorsichtig sein? Am Rande des drei Meter breiten, die Birken teilenden Weges schob ich mich langsam vorwärts und spähte nach beiden Seiten wie ein erfahrenes Leittier. An einer so gefährlichen Stelle sichert es minutenlang, ob alles still bleibt und nichts Verdächtiges zu wittern ist. Amselgesang und Finkenschlag. Weit hinten auf dem Feld das monotone Geräusch eines arbeitenden Treckers. Vier lange Schritte, schon war ich auf der anderen Seite im deckenden Wald.

Am Koppelrand ging ich im Baumschatten einmal hin und her, bis ich unter einer Kusselkiefer den günstigsten Beobachtungsstand gefunden hatte. Nach beiden Richtungen überblickte ich den Grenzweg so weit, daß ich notfalls rechtzeitig verschwinden konnte. Der Stamm gab eine bequeme Rückenlehne. Ein die Sicht behindernder Zweig mußte nach oben, ein anderer nach unten gebunden werden. Dazu nahm ich lange, zähe Queckenhalme. Wieder verspottete ich mich: „Der große Junge spielt Robinson." Weswegen sollte ich aber die in der Rucksacktasche steckende Schnur ohne zwingenden Grund zerschneiden?!

Wie lange sollte ich bleiben? Bis zum Mittagsläuten genügte nicht. Ich mußte noch eine Stunde zugeben. War bis dahin alles ruhig geblieben, hatte der Schnellschießer den Bock aufgegeben. Armer Bock. Irgendwo saß er jetzt mit zerschossenen Laufknochen. Unablässig mußte er die Wunde lecken und die Fliegen abwehren. Sobald er in einen unruhigen Fieberschlaf fiel, stürzte sich alles blutsaugende Geschmeiß auf ihn. Armer Bock.

Mir war noch kein Laufschuß zugestoßen. Trotzdem keine Überheblichkeit: Der geflügelte Fasanenhahn, die schräg ins Schilf flatternde Ente! Beide waren vom Hund nicht gefunden worden. Ein zerschossener Flügel tat bestimmt ebenso weh wie ein getroffener Lauf. Also keine Überheblichkeit!

Dann schlief ich ein. Plötzlich ein Motorrad auf dem Wiesenweg! Also kam er doch! Nein! Nur ein junger Mann mit Sturzhelm kam auf seinem Maschinchen angetuckert. Die betonte Rennhaltung bei höchstens 40 Stundenkilometern sah recht lächerlich aus. Hatte ich aber als Junge mit meinem ersten Fahrrad nicht ebenso angegeben!

Neun Uhr. Rauchen, träumen. Eine Bewegung am Waldrand machte mich hellwach. Reh, graustruppig, Ricke mit eingefallenen Flanken. Sie hatte vor kurzem gesetzt. An der längst erkundeten bequemsten Stelle zwängte sie sich durch den Koppeldraht und begann sofort gierig zu äsen. Der Körper sollte Milch erzeugen, möglichst viel Milch. Da verlangte er nach eiweißreicher Äsung.

Zehn Uhr. – Eine schwarz-weiße Katze schnürte ahnungslos an mir vorbei . . . Wenn ich ein Gewehr gehabt hätte . . . War es eine Katze, die für ihre Kleinen Raub zusammenschleppen mußte? Sie jagte aber nicht, sondern folgte dem Weg, der irgendwie von einem Dorf zum anderen führte. Trieb es einen Kater nach aufregender Liebesnacht und kurzem Vormittagsschlaf in einer fremden Scheune heimwärts, oder war er auf einem neuen Brautzug unterwegs? Diesmal war kein geladener Schrotlauf zur Stelle, der kurzen Prozeß gemacht hätte. Der oder die Schwarzweiße ahnte nicht einmal um die Gefahr. So ist das Leben. Nur das Katzenleben?

Elf Uhr. Schon wieder mußte ich mich mit der scharf, aber nicht unangenehm riechenden Tinktur einreiben, die für einige Zeit die Mücken vertrieb. Immer deutlicher bekam ein Wunschbild Gestalt: das Zelt, der Kocher, das Aluminiumtöpfchen, in dem der Inhalt einer Koservendose mit verlockender Aufschrift schmurgelte. Gulasch mit gemischten Pilzen oder Königsberger Klops in Kapernsauce. Um die Zeit zu betrügen, versuchte ich zu schlafen; es wurde aber nur ein Dämmern daraus.

Endlich fing eine Glocke mit dem Mittagsläuten an, eine zweite, weiter entfernte, antwortete. Bis eine halbe Stunde nach zwölf wollte ich aushalten, wenn ich auch schon schmerzhaft steif vom langen Sitzen war. Ich nahm mir vor, bis dahin nicht mehr auf die Uhr zu schauen. Ein Jäger muß wissen, wie lange eine halbe Stunde sich ausdehnt.

Aprikosen! Nach dem Hauptgang würde ich eine Dose mit Aprikosen aufschneiden. Ich mußte halblaut lachen: Nun hatte ich gerade seit sieben Stunden nichts mehr gegessen, und schon fühlte ich mich wie ein hungriger Wolf! Abfahrt Zweiundzwanzig Minuten nach zwölf. Ich war ein halb verhungerter Jäger und kein verknöcherter Pedant. Rindfleisch in Brühsuppe würde ich nehmen!

❀

Der Dreckskerl! Schoß einen Bock lauflahm, hatte es natürlich gesehen und unterließ die Meldung, die er nach dem Gesetz und den Regeln der Weidgerechtigkeit erstatten mußte, damit . . . Ja, wie sollte der Satz zu Ende geführt werden? . . . damit durch eine höchstwahrscheinlich erfolglose Nachsuche Unruhe in den Wald gebracht wurde. Er war jetzt eine große Wochenstube. So hieß doch der schöne Ausdruck, den jeder willig Abschreibende von seinem Vorgänger übernahm.

Also war der Dreckskerl ein vernünftiger Mensch, der sich nüchtern mit den Tatsachen abfand. Wurde der Kranke nicht angerührt, zog er vermutlich in einigen Tagen in die Koppel hinaus, wo das Gras erheblich besser schmeckte als unter den Birken. Dann konnte ihm eine bessere Kugel angetragen werden.

Ich war satt wie ein Feisthirsch, der die Nacht über reifenden Hafer gestreift hatte. Jetzt noch eine Zigarette, dann „totenähnlicher Mittagsschlaf", wie der liebenswerte Forstmeister Sonntag immer gesagt hatte, dann Vesper mit neu gebrühtem Kaffee, anschließend Schlingensuchen.

Schlingensuchen ist eine so wichtige Beschäftigung, daß die zukünftigen Jungjäger eigentlich mehr darüber erfahren sollten, als in den meisten Ausbildungskursen gelehrt wird. Möglicherweise war die Ströpperei heute so außer Mode geraten, daß man sich nicht ernsthaft damit zu beschäftigen brauchte. Aber „Himmelszeichen" und „Burgstall", „Wartebruch" und „Warnbruch" wurden ja auch eifrig auswendig gelernt und hochnotpeinlich bei der Prüfung gefragt, obwohl diese Bruchzeichen im modernen Wald mit seinem bewußt liegengelassenen Reisig kaum noch praktischen Wert hatten.

Mit dem Rauch der Zigarette tauchte die Vergangenheit auf. Schlingen ... Im schlimmsten Nachkriegsjahr verbrachte ich als Primaner die Sommerferien im Hause von Hegemeister Schwarzlose, mit dem mein Vater befreundet war. An die Riesenschüssel dampfender Salzkartoffeln und die Brotschnitten, die doppelt so dick waren wie die in der Stadt, erinnere ich mich noch jetzt mit großer Dankbarkeit. Dazu Fleisch und Butter in zwar abgemessenen, aber immer noch reichlich erscheinenden Portionen.

An jedem Vormittag schlenderte ich in die Himbeeren. Die Sträucher standen in einem Hang am Rand von Schwarzloses Schutzbezirk. Meistens traf ich dort schon Reihagener beim Pflücken. Das war ein Marktflecken mit 2 000 Einwohnern. So mußte ich mich dazuhalten, die mit weißblauer Emaille überzogene Literkanne zu füllen. Wir aßen die Himbeeren mit frischer Milch mittags und abends als Nachtisch. Während des Pflückens stopfte ich natürlich in mich hinein, bis ich eine leichte, aber angenehme Übelkeit verspürte.

Einmal verdrückte ich mich in die Schonung nebenan, weil ich ein Geschäft vorhatte, bei dem niemand zuzusehen brauchte. In den Jungbuchen hing noch der Frühtau. Um die Hosenbeine nicht unnötig naß zu machen, benutzte ich einen ausgetretenen Wildwechsel. Plötzlich wäre ich um ein Haar hingefallen. Mein Fuß hatte sich in einer zähen Ranke verfangen, die nicht reißen wollte. Es war aber kein Brombeerzweig, wie ich geglaubt hatte. Ein dünner Draht umschnürte meinen Schuh, eine Schlinge! So eine Gemeinheit!

In den nächsten zehn Minuten hatte ich zwei weitere Schlingen gefunden, alle aus dem gleichen Material hergestellt. Dicht über dem Erdboden waren sie auf Hase oder Karnickel aufgestellt. Ich lief, ja, ich raste zum Forsthaus zurück. Schwarzlose saß über den Lohnlisten am Schreibtisch. Als ich ins Zimmer gestürzt kam, schob er die Nickelbrille in die Stirn: „Sachte! Wo brennt's denn?"

„Schlingen! Ich habe drei Schlingen gefunden, und es stehen bestimmt noch mehr da; in der Buchenschonung neben den Himbeeren."

„Sie können es nicht lassen."

Daß der Hegemeister bei einer derart alarmierenden Nachricht still sitzen blieb, war erstaunlich. Um so aufgeregter fuhr ich fort: „Wir müssen raus und aufpassen! Ich denke, sie werden in der Nacht kommen mit einer Taschenlampe. Wir lassen sie ganz dicht herankommen – schließlich haben wir Mondschein –, und dann schreien wir: ‚Hände hoch, oder ich schieße!'"

„Sachte!" sagte der Hausherr zum zweiten Mal. Er langte nach dem Kistchen mit Stänkerzigarren. „Das sind bestimmt Reihagener."

„Wir werden sie kriegen!"

„Nicht so, wie du denkst. Paß mal auf: Die Reihagener haben in dieser verrückten Zeit nicht viel zu essen. Wo ein Haufen Kinder plärrt, sieht es besonders schlimm aus. Kannst du es ihnen verdenken, daß sie krumme Touren versuchen?"

„Das nicht. Aber wir können es doch nicht einfach zulassen, daß sich Hasen oder Karnickel totzappeln!"

„Werden wir auch nicht. Ich rufe nachher das Forstamt an, sie sollen mir am Nachmittag Horst und Detlev rüberschikken. Die Herren Anwärter brauchen sowieso ein bißchen Bewegung. Dann suchen wir alles ab und . . ." Schwarzlose lachte leise vor sich hin. Er nahm ein Blatt festes Papier und malte in großen Buchstaben darauf: „Laßt den Blödsinn, sonst . . ." Dann erklärte er: „Wir binden alle Schlingen ab, die wir finden. Bloß in eine zugezogene kommt der Zettel. Dann kriegen sie einen heilsamen Schreck."

„Ja, aber . . ."

„Laß mich zu Ende erzählen: Drüben in Klosterheide war es nach dem ersten Krieg genauso. Der Kollege Wackwerth fühlte sich in seiner Ehre verletzt. Er legte sich auf die Lauer, genau wie du es willst. Nach ein paar Tagen hatte er die Lumpen; es waren Brüder. Was kam bei der ganzen Geschichte heraus? Ein großes Lamento vor dem Amtsgericht über saugrobe Behandlung durch den Förster bei der Festnahme – was übrigens durchaus im Reiche der Möglichkeiten liegt –, über Hungersnot, kranke Frau, eine Unzahl darbender Kinder, dazu Schulden . . . Schließlich kam es zu einer Geldstrafe um die hundert Mark. Als sie glücklich bezahlt wurde, kostete ein Reh schon das Dreifache. Aber jetzt kommt der dicke Haken: Im nächsten Frühjahr, als es knastertrocken war, brannten drei Hektar Kiefernschonung ab. Wie das Feuer entstanden ist, hat man nie erfahren. Wackwerth schwor Stein und Bein, daß es ein Racheakt war. Und deswegen werden wir es erst einmal auf die sanfte Tour versuchen."

Am Nachmittag krochen wir alles ab. Resultat: an die zwanzig Schlingen. Zum Schluß hielt ich mich schon für einen Experten. Sobald ich einen Wechsel gefunden hatte, dachte ich: „Wo ist der Zwangspaß, wo wird sie stehen?" Manchmal stimmte es sogar.

In den folgenden Wochen suchte ich an allen erdenklichen Stellen des Revieres, denn ich hatte Blut geleckt. Aber ich konnte nichts mehr finden. Demnach muß das Rezept des Hegemeisters Erfolg gehabt haben. Die Zigarette war zu einem Stümpfchen geworden. Ich drückte es aus und versenkte es im feuchten Sand. Obwohl keine Brandgefahr bestand, ist man im Wald besonders vorsichtig.

❀

Ursprünglich hatte ich mir vorgenommen, den gesamten Busch, an der verdächtig erscheinenden Ostseite beginnend, systematisch abzusuchen. Hat man mehr als 14 Tage zur Verfügung, lassen sich 100 Hektar – der Rest bestand aus Wiesen oder Ackerland – so sorgsam durchkämmen, daß nichts Auffälliges übersehen werden konnte. Der krankgeschossene Bock, um den sich niemand mehr kümmerte, beschäftigte mich aber so lebhaft, daß ich mir zuerst das Waldstück, in dem er verschwunden war, vornahm. Dabei war meine Chance, etwas von ihm zu entdecken, allerdings gering. Trotzdem ließ mich der Gedanke nicht los, der Schuß könne dicht unter dem Brustkern sitzen. Dann bestand die Möglichkeit, daß ein Geschoßsplitter in die Lunge oder gar das Herz gedrungen war, der ihn vielleicht erst nach Stunden verenden ließ. Fand ich ihn heute noch, war er nicht unbedingt schon verludert.

Sehr bedächtig suchte ich auf und ab. Obwohl ich mich nach der klar am Himmel stehenden Sonne orientieren konnte, schlug ich ein paarmal, wenn ich nicht aufgepaßt hatte, die falsche Richtung ein. Unversehens landete ich am Schulsteig oder sah das Grün der Koppeln in schiefem Blickwinkel vor mir.

Dann fand ich einen Knopfbockschädel. Die mürben Knochen waren von grünlichem Schimmel bedeckt. Die noch vorhandenen Zähne belegten, daß es sich um einen Jährling handelte. Der Fund besagte nichts. Der Bock konnte – krankgeschossen – verludert sein, oder er war ohne menschliche Einwirkung – vielleicht parasitengeschwächt – ums Leben gekommen.

Unschlüssig drehte ich die erste „Trophäe“, die mir das Revier schenkte, hin und her, dann steckte ich sie in die Rucksacktasche. Sie sollte am Zelt aufgehängt werden. Ich suchte nach dem lateinischen Spruch, der davon handelt, daß Knaben sich knabenhaft benehmen.

Ein Weilchen später fiel mir ein am Boden liegender Birkenzweig auf, weil die Blätter vertrocknet waren. Das untere etwas daumenstarke Ende war angespitzt. Es sah moordunkel aus, hatten also in der Erde gesteckt.

Ich rührte mich nicht von der Stelle. Oft genug hatte ich mir solche Zweige zurechtgemacht, um mich beim Ansitz zu ebener Erde vor dem Eräugtwerden zu schützen. Wer hatte diesen hier gebraucht? Der Konsul bestimmt nicht. Der schätzte Hochsitze in irgendeiner Form. Breitmeier? Es war mehr als unwahrscheinlich, daß er sich bei seinen Kontrollbesuchen mitten in den Busch setzte, noch dazu in der Schonzeit. Nach den noch nicht zu voller Größe gewachsenen Blättern mußte das Abschneiden zwei oder drei Wochen zurückliegen. Hatte ich die erste Spur eines Wilddiebes entdeckt?

Mich fröstelte, obwohl die Nachmittagssonne den Wald angenehm erwärmte. Ich sah mich um. War jemand in der Nähe? Wurde ich beobachtet, vielleicht schon seit gestern? Unsinn! Ich war der harmlose Schmetterlingsfreund ohne Waffe, dem niemand etwas tun würde. Trotzdem vermißte ich in diesem Augenblick den verläßlichen Schutz des Drillings. Sollte ich morgen in die Stadt fahren, um das Gewehr zu holen?

Ein Zitronenfalter schwebte graziös, scheinbar schwerelos durch den an dieser Stelle lichten Birkenwald. Er setzte sich auf ein Moospolster. Seine kräftig-gelben Flügel hoben und senkten sich ein paarmal. Der kleine orangefarbene Punkt auf jedem von ihnen war zu erkennen. Zeichen, Entscheidung! Es blieb bei der Verabredung, daß ich als stiller Beobachter unbewaffnet auftrat.

Dann schüttelte ich die Verblüffung über meinem Fund ab. Ich legte ihn zurück, wo ich ihn entdeckt hatte. Der Spürsinn des Jägers erwachte. Wo würde *ich* mich hier ansetzen, wenn ich selbst verborgen bleiben wollte? Wo hatte ich trotzdem Schußfeld? Hinter mir hatte man keinen

Ausblick. Langsam ging ich weiter, bemüht, keine verräterischen Fußspuren zu hinterlassen. Es waren genügend mit Gras oder Moos bewachsene Flecken vorhanden, auf die man treten konnte.

Vor mir wurde es lichter. Ein alter, seit Jahren nicht mehr geräumter Abzugsgraben durchschnitt schräg den Birkenbestand. Über ihm stießen die Baumkronen an verschiedenen Stellen zusammen, aber am Erdboden blieb eine drei bis vier Meter breite Gasse. Hier konnte man auf Wild lauern.

Fünfzig Schritte weit folgte ich dem Graben nach links. Dort führte ein gut angenommener Rehwechsel querüber. Es war unwahrscheinlich, daß der Unbekannte den abgeschnittenen Birkenschößling sehr weit fortgeschafft hatte. Eigentlich mußte er sich hier im Holz ebenso sicher fühlen wie ich in meinem einen Kilometer entfernten Zelt. Ging es nicht gerade um eine winterliche Treibjagd, konnten Jahre vergehen, bis jemand hier eindrang. Einmal widerstrebte es dem Heger, den Einstand des Wildes ohne zwingenden Grund zu betreten. Zum anderen spielte sich der gesamte Jagdbetrieb an den übersichtlichen Rändern ab, wo die Stücke zur Äsung hinausdrängten.

Ich übersprang den Graben und ging an seiner anderen Seite zurück. Dabei zählte ich die Schritte: fünfzig, sechzig, dreiundsechzig. Halt, das war die Stelle, die ich suchte! Eine mittelstarke Birke stand etwas näher als die übrigen Bäume am Grabenrand. An ihren Stamm gelehnt, hatte jemand gesessen. Die kleinen Dürräste, die überall herumlagen, waren fortgeräumt. Ich setzte mich. Bis zum Querwechsel hatte man Ausblick.

Aber war es wirklich ein Wilderer? Konnte es sich nicht auch um einen der heutzutage überall auftauchenden Amateurphotographen handeln? Dann verwarf ich diesen

Gedanken. Diese Herren versuchten, an einem Greifvogelhorst oder einem Bau mit Jungfüchsen ihre Aufnahmen zu machen. Hier im Halbschatten der Bäume war eine solche Tätigkeit höchst unwahrscheinlich.

Angestrengt überlegte ich, wie ich mich jetzt und in der Folgezeit verhalten müßte. Auf keinen Fall durfte ich es darauf ankommen lassen, hier im Busch mit einem Gegner zusammenzustoßen. Trug er sein Schießeisen offen, war er mir überlegen. Ein Sprung zur Seite machte ihn unsichtbar. War das Gewehr aber am Körper verdeckt, hatte der die besseren Karten, der den anderen zuerst sah. Am günstigsten würde es sein, so behutsam wie möglich von außen zu beobachten. Schließlich mußte der böse Mensch sein Jagdgebiet betreten und – womöglich beutebeladen – verlassen. Bei seinem An- und Abmarsch lag meine Chance.

Ich folgte dem Graben bis zum Nachbarrevier. Da war ja die große Blöße mit der Baracke im Hintergrund. Sofort wußte ich genau, wo ich mich befand. Die Mutter der zahlreichen Kinder ging am Zaun entlang. Sie blieb stehen und bückte sich. Gerade noch konnte ich das Glas vor die Augen bringen, um etwas Interessantes zu sehen. Sie hantierte dicht über der Erde, dann sauste etwas Schwarzweißes ins Freie. Die Frau kniete sich hin. Was sie tat, war nicht zu erkennen. Als sie aber aufstand und weiterging, sah ich das winzige dunkle Viereck einer Kastenfallenöffnung.

Wenn sich statt der soeben hinausexpedierten Katze ein Karnickel oder gar ein Hase fing, gab es anderntags ein Festmahl außer der Zeit. Sollte ich empört sein? Das war doch ein kleiner Fisch im Vergleich mit meinem Wilddieb. Dann rief ich mir die gesetzlichen Bestimmungen ins Gedächtnis. In einem umzäunten Garten durfte jeder Kaninchen mit erlaubten Fanggeräten nachstellen. Kein

Grund zur Aufregung, der Sachverhalt war eindeutig. Und wie war es mit einem Hasen, der eine lange Schonzeit hatte? Mit diesem Problem mochte sich der Pächter der Nachbarjagd befassen. Ich hatte meine eigenen Sorgen.

Während ich vor dem Zelt vesperte, grübelte ich unablässig nach, wie ich mich verhalten sollte. Daß mein Widersacher über die Barackenblöße kam, war unwahrscheinlich. Wer auf Verbotenes aus ist, marschiert nicht offen zum Ort der Tat, selbst wenn er in der Notunterkunft wohnen sollte. Auch den weit hinaus einzusehenden Koppelweg würde er kaum wählen. Blieben die beiden Schmalseiten übrig. Ich wurde das beunruhigende, ja deprimierende Gefühl nicht los, daß ich bei seinem Erscheinen immer an der verkehrten Stelle warten würde. Wie oft kam er überhaupt? Einmal in der Woche, einmal im Monat oder – nach erfolglosem Ansitz – nie wieder?

Endlich rang ich mich zu einem Entschluß durch: Ich mußte doch am Graben sitzen, allerdings so, daß ich nicht entdeckt wurde. Deswegen sollte mein Platz weit genug von seinem entfernt sein. Ich schaute auf die Uhr; es war kurz vor sechs. Für heute abend war es zu spät, die richtige Stelle auszukundschaften. Das fand am besten morgen nach dem Frühstück statt in der sichersten Stunde, ein Zusammenrumpeln zu vermeiden.

Und jetzt? Sollte ich wieder auf die Himmelhohe klettern? Ich verwarf den Gedanken. Am Koppelzaun war meine Anwesenheit wichtiger. Nachdem sich der Nachbar so schäbig benommen hatte, stand mir das moralische Recht zu, dort ein wenig den Reh-Schutzengel zu spielen und weiteres Unheil zu verhindern. Wußte ich, wo er sich ansetzte, war es kein Kunststück, sich so unter Wind zu verbergen, daß in der Gefahrenzone kein Stück hinauswechselte. Während ich meine Siebensachen zusammenpackte, überlegte ich alles noch einmal. Ich hatte gedacht: „ein moralisches Recht“; ein prachtvoller Ausdruck, aber es war wohl angebracht, ein dickes Fragezeichen dahinter zu setzen.

Mein finsterer oder lichter Plan – wie man ihn nun betrachten wollte – kam nicht zur Ausführung. Drüben ließ sich niemand blicken. Friedlich zogen die Rehe rechts und links von mir zur Äsung. Sogar der Bock mit den langen Vordersprossen erschien; ihm war also nichts geschehen. Hinter mir plärrte ein Reh, das ich der Stimme nach für jung hielt, empört: „Da sitzt ein Mensch und verstänkert meinen Weg. Ich muß einen großen Bogen schlagen. Unerhört!“

Im Fünf-Büchsen-Revier fiel nach Sonnenuntergang ein Schuß, dem ein paar Minuten später ein zweiter folgte; vermutlich der Fangschuß. „Es ist ihr gutes Recht, die freigegebenen Böcke zu erlegen“, sagte ich mir, „aber ohne die Zahl zu überschreiten“, dachte ich drohend hinterher.

Sternennacht im Schlafsack. Es war so windstill, daß ich die vordere Plane des Zeltes nicht zu schließen brauchte. So lag ich wie im Freien. Neben mir raschelte es im Gebüsch; es klang nach Igel. Sonst unterbrach kein Laut die Stille. In der Stadt war um diese Zeit noch Hochbetrieb. Übermüdete Menschen hetzten mit ihren Autos durch die Straßen. Die Auspuffgase stanken. Grellbunte Reklame, Kinos, Bars, Gaststätten.

„Ich bin glücklich“, dachte ich im Einschlafen. Der Igel raschelte jetzt dicht am Zelt.

❁

Am Morgen verschlief ich. Das rechthaberische Schnurren des Weckers hatte mich zwar munter gemacht, aber ich konnte mich nach dem Abstellen nicht sofort zum Aufstehen entschließen. Aus dem bekannten Zehn-Minuten-Zugabeschlaf wurden zwei Stunden. Herrlich erfrischt, wenn auch mit schlechtem Gewissen, kroch ich endlich aus dem Schlafsack. Nur gut, daß kein gestrenger Vorgesetzter meine Pflichtvergessenheit kontrollierte!

Als ich mich später im Handspiegel betrachtete, fand ich meine Bartstoppeln abscheulich. Nachdem ich mich rasiert und ein frisches Hemd angezogen hatte, fühlte ich mich blitzsauber, natürlich auf Wildnisart.

Eine Stunde später stand ich am Graben, reichlich hundert Schritte vom Ansitzplatz enfernt. Eine dreischäftige Erle gab genügend Deckung. Ich ging in die Hocke: Jawohl, wenn etliche Unkrautstauden vorsichtig gestutzt wurden, genügte die Sichtmöglichkeit.

Mit halber Lust und entsprechendem Eifer suchte ich anschließend nach Schlingen. Wozu sollte ich mich in dem schon wieder backofenheißen Busch abquälen, wenn der Unbekannte nicht mit Draht, sondern mit dem Gewehr arbeitete?! Meine Faulheit wurde durch das Phantasiebild des Zeltplatzes gefördert: Schatten, Ausruhen, ein Becher kalten, den Durst löschenden Kaffees und schließlich das Festmahl. Das Fleisch ist schwach. Nach drei Parallelgängen hörte ich an einem Faulbaumstämmchen auf, das ein Bock heftig zum Fegen benutzt hatte. Die Stelle würde ich wiederfinden.

Die Vorbereitungen für das Mittagessen wurden durch das Ticken eines Rotkehlchens unterbrochen. Der kleine Vogel konnte sich nicht beruhigen. War ein Stück Rehwild unterwegs, ein Wiesel oder der Fuchs, dessen mit Mäusehaar durchsetzte Losung auf dem Koppelweg lag?

Da knackte ein Ast. Das war kein Wild, Menschen kamen. Eine derartige Überraschung hatte mir gerade noch gefehlt! Aber noch bestand keine Gefahr, entdeckt zu werden. Das waldfarbene Zelt stand im Schatten der Eiche, deren tiefste Zweige es halb verdeckten. Um mich herum wuchsen hohe Gräser, die ich bewußt so wenig wie möglich zertreten hatte. Ich machte mich ganz klein, gerade daß ich noch über den grünen Vorhang hinweg sehen konnte.

Zwei Mädchen kamen, rotblond die eine, dunkel die andere, halbwüchsige Mädchen. Sonderbar: Sie gingen dicht nebeneinander und hatten sich wie ein Liebespaar umschlungen. Eigentlich war das eine recht unbequeme Art, im Busch vorwärts zu kommen.

Auf 25 Schritt blieben sie stehen. Achtlos plumpsten die Schultaschen zu Boden. Die Mädchen setzten sich. Nur noch ihre Köpfe waren zu sehen. Mit dem Kupferrot der einen spielte die Sonne, es gleißte. Auch im Schwarz der anderen erwachten kastanienfarbige Lichter. Die Mädchen küßten sich. Dann waren auch ihre Köpfe verschwunden. Mein Herz schlug bis zum Hals.

Plötzlich waren die beiden aufgestanden. Sie klopften sich gegenseitig das Dürrlaub aus den lustig-bunten Pullovern und den Hosen. Wenn sie jetzt zum Schulsteig zurückgingen, blieb ich unentdeckt . . .

Sie kamen auf mich zu. Das Zusammentreffen war unvermeidbar. „Keinen Schreck bekommen! Hier sitzt ein friedlicher Schmetterlingssammler, der euch nichts tut. Bekommt keinen Schreck!“

Sie fuhren dennoch zusammen. Ihre Hände machten eine abwehrende Bewegung.

„Ich habe eine Bescheinigung von Konsul Meinhard, daß ich hier zelten darf. Ihr kennt doch den Herrn Konsul, den Jagdpächter?“ Die Rotblonde nickte stumm.

„Komm!“ sagte die Dunkle, die kleiner und zierlicher als die Freundin war. „Komm weg!“

Sie durften nicht gehen! Nicht bevor wir ein Schutz- und Trutzbündnis geschlossen hatten, das ihnen den Mund verschloß. Sonst wußte in kürzester Frist das halbe Dorf von meiner Anwesenheit.

„Augenblick!“ sagte ich beschwörend. „Wir müssen uns erst einig sein.“

„Komm endlich!“ Die Schwarze drängte. Ihre fein geschwungenen Nasenflügel bebten.

„Aufgepaßt: Ihr sagt nichts von dem, was ihr hier gesehen habt, und ich sage nichts über euer . . . Schulschwänzen.“ Nötigung? Gemeinheit? Unsinn: Wahrung berechtigter Interessen. Selbstverteidigung. „Wo geht ihr zur Schule?“

„In Sprekensal, in die Achte.“

„Allerhand. Darf ich da überhaupt noch ‚du‘ sagen?“

„Freilich!“ Sie antworteten wie aus einem Munde.

„So, jetzt sind die Vorverhandlungen abgeschlossen. Ich bitte, Platz zu nehmen.“ Aus einer der Decken faltete ich einen leidlichen Sitz. „Zigarette gefällig?“

„Lieber nicht“, sagte die Dunkle; sie lächelte ein wenig. „Aber du, Annemie?!“

„Was du bloß immer willst, Isis . . .“

„Isis“, wiederholte ich. „Welch’ schöner Name!“

Annemie hatte die Scheu überwunden. „Ach, so nennen wir sie in der Schule, nur zum Spaß. Weil sie so ägyptisch aussieht.“

„Ein erstklassiger Spitzname“, sagte ich, „einer, auf den du stolz sein kannst, Isis. Wenn es mit dem Rauchen nichts wird – was ich übrigens ganz prima finde –, schlage ich etwas Besseres vor.“ Aus der Vorratskiste suchte ich eine Tafel Schokolade hervor und brach sie gewissenhaft in drei gleich große Teile. „Ich bitte, sich endlich zu setzen und zuzulangen.“ Die Mädchen zierten sich nicht mehr. Ich fuhr fort: „Jetzt kommt unsere Abmachung. Ihr haltet den Mund über meine Anwesenheit. Ich habe keine Lust, daß sämtliche Dorfjungen angelaufen kommen, wenn ich auf Schmetterlingsjagd bin, und hier am Zelt irgendwelchen Blödsinn anstellen. Deswegen verlange ich von euch absolutes Stillschweigen gegen jedermann. Einverstanden?“ Wir gaben uns die Hände. Das war das mindeste zur Bekräftigung eines solchen Paktes. Den mußte ich noch einmal bekräftigen: „Und ich sage nichts, daß ich euch hier gesehen habe. Ich kenne euch überhaupt nicht.“

„Großes Ehrenwort?“ fragte Annemie.

„Hör mal zu, meine Schöne: Das Ehrenwort ist eine . . . na, sagen wir mal: feierliche Sache, mit der man sehr behutsam umgehen sollte. Ich v e r s p r e c h e es euch. Das ist genauso bindend.“

Dann futterten wir unsere Schokolade auf und besiegelten mit schnellen Fragen und geschwinden Antworten das gegenseitige Vertrauen.

Plötzlich fiel Annemie etwas ein: „Dann gehört der ‚Montagswagen‘ wohl Ihnen?“

„Der Montagswagen?“ Ich wußte nicht, was sie meinte.

„Nun, das tolle Auto. Eigenbau, sagt mein Bruder. Es steht immer hinter Strohbergers altem Schafstall, so, als ob es keiner sehen soll, immer nur montags.“

„Sachte, mein Fräulein, was heißt ‚immer‘?“

„Mindestens schon zwei- oder dreimal."

Ich mußte lachen: „Und das nennst du ‚immer'! Er gehört mir nicht. Ich habe meinen Wagen bei einem Bekannten in Loserstätt gelassen, um hier kein Aufsehen zu machen. Was ist denn so auffallend daran?"

„Mein Bruder fährt alle Tage mit dem Motorrad nach Schlagenburg zur Arbeit am Schafstall vorbei. Er sagt, der Wagen stände da wie versteckt und hätte H als Kennzeichen. Hannover ist doch ziemlich weit weg; und ausgerechnet immer montags . . ."

Ich faßte einen Entschluß: „Das ist natürlich sonderbar. Ich will euch etwas anvertrauen. Die Schmetterlinge sind nicht der einzige Grund, daß ich hier bin. Ich soll aufpassen, ob in der Jagd alles in Ordnung ist, oder ob etwa gewildert wird."

„Toll! Dann sind Sie ein Detektiv?" Isis sah mich gespannt an.

Ich wehrte entschieden ab: „Ihr sitzt zu viel vor dem Fernsehen. Ich bin ein gewöhnlicher Zeitungsschreiber, der hier seine Ferien verbringt, allerdings mit einer Sonderaufgabe. Wann fährt das Montagsauto ab?"

Annemie konnte keine Auskunft geben. Wenn der Bruder von der Arbeit käme, etwa gegen halb sechs, habe er das Auto gesehen, und am nächsten Morgen sei es verschwunden.

„Wir müssen aufpassen!" sagte Isis. Ihre dunklen Augen leuchteten unternehmungslustig.

„Natürlich!" stimmte ich zu. „Wer kann eine Karte zeichnen?"

In gemeinsamem Bemühen entstand ein Lageplan, nach dem man unschwer den Schafstall finden konnte. Anschließend verpflichtete ich meine neuen Freundinnen noch einmal zu tiefstem Stillschweigen. Wenn sie es einhielten, würde es hinterher in der Konditorei von Ballenburg Torte und Schlagsahne in rauhen Mengen geben.

„Sollen wir mittags, wenn wir aus der Schule kommen, immer hier vorbeigucken?“ fragte Annemie.

„Nein, das wäre zu auffällig.“ Ich überlegte. Dann fiel mir ein großer Stein am Schulsteig ein, der vermutlich mit einem Gletscher in der Eiszeit dorthin gerutscht und nach dem Auftauen liegengeblieben war. Die Mädchen kannten ihn. „Wenn ich euch brauche“, sagte ich, „steckt an dem Stein ein kleiner Birkenzweig, etwa so lang.“ Ich zeigte eine gute Spanne an. „Also doch ein Bruch!“ fuhr es mir durch den Kopf. „Bei diesem Zeichen kommt ihr mittags hierher.“

Annemie wurde unruhig. „Du, wir müssen nach Hause. Mutti weiß doch, daß wir heute nur drei Stunden haben. Wenn ich zu lange wegbleibe, gibt es eine unendliche Fragerei, wo ich rumgebummelt hätte.“

❀

Nach dem Essen und abgekürztem Mittagsschlaf ging ich nach Ballenburg zum Einkaufen. Der Marktflecken lag an der Bundesstraße, ein Fremder fiel hier nicht auf. Es gab sogar einen Münzfernsprecher. Ich rief den Konsul an. Ich sei wohlauf, sagte ich ihm, einiges Bemerkenswertes habe sich ereignet, aber ein genauer Bericht müsse noch aufgeschoben werden. Über das Wochenende wollte der Konsul nach Hootkrug. Auch dort sei er jederzeit erreichbar.

Als ich in die helle Nachmittagssonne trat, kamen mir meine Verdachtsgründe fadenscheinig vor. Am Graben konnte ein harmloser Photograph gewesen sein, und bei den Insassen des Wunderautos handelte es sich wahrscheinlich um ein Liebespaar, das einen Platz für ein ungestörtes Stelldichein suchte.

Abendansitz am Koppelweg. Eine rundliche Jägergestalt tauchte auf, die ich noch nicht kannte. Der Dicke stieg auf eine in einer Kopfweide lehnende Ansitzleiter und blieb dort bis zur Dunkelheit sitzen, ohne sich bemerkbar zu machen.

Zehn Minuten nach acht fiel ein Schuß, über dessen Richtung ich mir nicht im klaren war. Einem Rehbock hatte er das Leben gekostet oder nur einen Schrecken eingejagt.

Als der Dicke seine Leiter verließ, gab es ringsum ein Schreckkonzert erheblichen Ausmaßes. Einmal wieder zeigte es sich, wie ungünstig Ansitzplätze sind, die man nicht unentdeckt verlassen kann.

Wie immer war die Heimkehr beglückend. Das Zelt, die Vorratskiste, das Abendbrot, die Sprudelflasche, die ich eingekauft hatte, die letzte Zigarette des Tages. Dann der Schlafsack. Ich hatte das Gefühl, zu Hause zu sein. Die Mädchen . . . Ich hatte keine Andeutung über ihre gegenseitige Zuneigung gemacht. Zu groß war die Gefahr, sie zu vergrämen. Mir fiel der Aufsatz einer klugen Frau ein. Solche Verhältnisse in diesem Alter kämen häufig vor. Sie endeten meistens damit, daß ein junger Mann die Gunst der einen eroberte und die Übriggebliebene ihren Trennungsschmerz überwand, indem sie sich auch einen Freund suchte. Ob es auf Anhieb dann der richtige wäre, sei allerdings fraglich.

Der Igel läßt sich heute nicht hören. „Schlaft schön, Annemie und Isis!“

Beim Morgengang zum Wilddiebsgraben fand ich eine tote Blindschleiche. Ich weiß, daß dieses harmlose Tier nicht zu den Schlangen, sondern den Eidechsen gehört. Trotzdem empfand ich einen leisen Widerwillen, so sehr auch der Verstand opponierte. Um den noch frischen Körper genau betrachten zu können, mochte ich sie nicht anfassen; mit einem Stöckchen drehte ich sie um.

Woher kam der schon in der Geschichte von Adam und Eva dokumentierte Abscheu der Menschen gegen Schlangen? Einen Aal, der ebenso kalt und dazu noch glitschig war, hätte ich ohne Scheu mit der Hand berührt. Vermutlich war es der bei manchen Arten tödliche Giftbiß, gegen dessen Bedrohung unsere Urväter eine Million Jahre lang kein Hilfsmittel kannten. Solche Furcht lebt insgeheim weiter.

Dicht neben dem Ansitzplatz des Unbekannten hatte eine Spinne ihr Netz geknotet. Ich hütete mich, es zu beschädigen. So lange es heil zwischen Birkenschößlingen und Gräsern hing, war niemand am Graben entlanggekommen.

Mittagsmahl – Hammelfleisch mit grünen Bohnen – Nachtisch-Zigarette, stundenlanger Erholungsschlaf und vorgezogene Vesper. Dann lässig-achtsamer Birkenbuschbummel, der außer frischen Schlagstellen an einem Weidenstrauch nichts Erwähnenswertes finden ließ. Abendansitz an der Koppel. Der Bock-Krankschießer versuchte sein Heil im zweiten Melkschuppen. Freundchen, wenn ich hier sitze, mache ich sehr schlechten Wind.

Beim Heimweg sah ich die erste Nachtschwalbe, die mir mit graziösem Flug und schnurrendem Gesang in diesem Jahr zu Gesicht kam. Ziegenmelker! Wie abergläubisch die Menschen früher gewesen sind! Wer weiß, welche ängstliche Hausfrau oder Dienstmagd bei geringer Milchleistung das Märchen von dem bösen Vogel erflunkert hatte.

Waren wir Aufgeklärten des 20. Jahrhunderts weniger abergläubisch? Welcher Jäger würde eine gerade Zahl von Patronen einstecken, wenn es auch nur einigermaßen begehrenswertem Wild galt?!

❀

So verging ein Tag nach dem anderen in eifrigem Umhersuchen, beschaulichem Ansitzen oder süßem Nichtstun, wobei das unverändert trockene Wetter das Seine tat, um eine zufriedene Stimmung zu bewahren.

Endlich war der ungeduldig erwartete Montag angebrochen, an dem die Entscheidung fallen sollte. Nach dem zu früher Stunde angesetzten Mittagessen ging ich zu Strohbergers altem Schafstall, der längst nicht mehr zu seinem ursprünglichen Zweck genutzt wurde. Mit der Örtlichkeit hatte ich mich schon vertraut gemacht. Das breite Tor zum Fahrweg war mit einem Vorhängeschloß versperrt, so groß wie eine leidliche Semmel, aber ein Hintertürchen hatte sich mit sanfter Gewalt öffnen lassen. Um auf keinen Fall zu spät zu kommen, schlüpfte ich schon um halb zwei hinein.

Im Stall war es dämmrig. Ich mußte aufpassen, nicht gegen die abgestellten landwirtschaftlichen Geräte zu stoßen. Besonders die rechte Seite war mit vermutlich ausrangierten Pflügen und Eggen vollgestopft. Auch eine große, sehr schwer aussehende Wiesenwalze hatte hier ihre wohl letzte Ruhestätte gefunden. Wo das Sonnenlicht schmal wie eine Schwertklinge durch ein Loch in der Bretterwand eindringen konnte, flirrten Aberhunderte von Stäubchen in der scharf abgesetzten Helle. Überall roch es dumpf nach Mäusen.

Ich suchte mir den besten Beobachtungsstand, von dem aus man durch die schadhafte Wand sowohl den Weg als auch den wahrscheinlichen Parkplatz des Wunderautos überblicken konnte. Eine hölzerne Krippe diente als Sitz; nur die Rückenlehne fehlte.

Zuerst kamen – ich hätte es mir denken können – die beiden Mädchen angeschlendert. Bis auf zehn Schritt ließ ich sie herankommen, dann röhrte ich abgrundtief: „In Polens Wäldern brummt ein Bär: ‚Ihr Bienen, gebt mir den Honig her!'"

Sie erschraken. Es war aber mehr ein gespielter als ein echter Schreck. „Da stecken Sie!"

Dann wurde ich sehr energisch: „Ab nach Hause und nicht wieder aufgekreuzt! Oder wollt ihr alles verderben, den Wilddiebsfang und die Siegesfeier in der Konditorei?"

„Wir wollten doch nur . . ."

„Ihr wollt schleunigst umdrehen und euch nicht mehr blikken lassen! Abfahrt!"

Das half. Sie trollten sich.

Ich war wieder allein. Nur die Rotschwänzchenbrut, deren Nest auf dem dicken Träger dicht unter dem Dach angelegt war, plärrte mit piepsenden Stimmen, sobald ein Altvogel angeflogen kam. Um die langweilige Wartezeit zu überbrücken, zählte ich die Fütterungen. Beim siebzehnten Anflug kam das Auto, ein niedriger, dunkelroter Zweisitzer mit aufklappbarem Verdeck. Der Motor redete eine wichtigtuende Sprache. Nur ein Mann saß im Wagen. Meine Liebespaar-Theorie traf nicht zu. Mein Herz klopfte hart. Aufregung und wohl auch ein wenig Angst ließen es schneller schlagen.

Ohne zu zögern, fuhr der Mann zur günstigsten, halb von einem Haselbusch verdeckten Stelle. Man merkte, wie genau er sie kannte. Er blieb reglos sitzen, als wollte er lauschen, ob alles ruhig war. Dann stieg er aus. Er war noch sehr jung und von zierlicher Gestalt. Er nahm einen fertig gepackten Rucksack aus dem Auto, um ihn sich aufzuladen. Ein sperriger Gegenstand ragte heraus. Wenn es sich dabei tatsächlich um den Lauf eines auseinandergenommenen Gewehres handelte, war die Tragweise anfängerhaft ungeschickt. Am Körper getragen, wäre es besser verborgen geblieben. Genauso gut konnte es sich aber auch um das Stativ eines im Rucksack befindlichen Photoapparates handeln. Das Fernglas auf der Brust war heutzutage unverdächtig.

Der junge Mann ging am Waldrand entlang und bog nach fünfzig Schritten in einen Fußpfad ein, der zu einer quer verlaufenden Schneise führte. Auf ihr konnte man zum Graben gelangen.

Meine Angst war verflogen. Mit diesem Bürschchen würde ich schon fertig werden. Tagelang vorher hatte ich mir einen Plan genau zurechtgelegt. Hier, wo in naivem Leichtsinn das Auto immer wieder abgestellt wurde, mußte er überrumpelt werden. Auch ohne Unterstützung würde mir das gelingen – sofern es sich um einen Wilddieb handelte.

Ein Motorrad kam den Weg herunter. Ich sah auf die Uhr: halbsechs. Das konnte nur Annemies Bruder sein. Natürlich, der rotblonde Haarschopf verriet die Verwandtschaft. Der große Junge hielt an und betrachtete, breitbeinig über seinem Rad stehend, den Wagen. Ich konnte sehen, wie er den Kopf schüttelte. Vermutlich beneidete er den Unbekannten um das nicht alltägliche Fahrzeug heiß.

Nachdem ich wieder allein war, verließ ich mein Versteck. Die dicht über dem Horizont stehende Sonne blendete. Von der Rückseite des Haselbusches sägte ich mir mit der zweiten Klinge des Jagdmessers einen kräftigen Knüppel ab, der auf siebzig Zentimeter gekürzt wurde. Nahm man ihn am schlanken Ende in die Hand, besaß man ein Werkzeug, mit dem jeder Gegner zu Boden geschlagen werden konnte. Man hätte wetten können, daß die Schußwaffe wieder im Rucksack steckte. Dort war sie ungefährlich.

Und wenn der andere eine Pistole besaß? Mir wurde warm. Angestrengt überlegte ich. Nirgends war mir eine Stelle aufgefallen, an der eine Kurzwaffe hätte stecken können. Aber es gab zierliche Modelle, die, in der Tasche getragen, kaum sichtbar waren. Ich mußte eben ganz überlegt handeln. Mein Vorteil war das Überraschungsmoment. Im Dunkeln käme er mit schlechtem Gewissen zum Auto zurück. Plötzlich stünde er im Licht meiner Lampe und würde angerufen. Da würden noch ganz andere Kerle in die Knie gehen.

Von wo würde er zurückkommen? Höchstwahrscheinlich benutzte er denselben Steig, auf dem er im Wald verschwunden war. Fünfzehn Schritte vor dem Auto suchte ich mir ein Versteck. Saß ich am Erdboden, hob sich jeder Vorbeigehende klar gegen den Himmel ab. Das war die richtige Stelle!

Nach dem Sonnenuntergang stiegen Nebel auf. In einem unsichtbaren Gewässer quarrten ein paar Frösche. Die Nachtschwalbe geisterte hin und her. Ein schonzeitvertrauter Hase rückte ins Feld. Die Kirchturmuhr schlug neunmal. Im Wald schreckte ein Reh. Ich verspürte wieder meinen Herzschlag, in der nächsten halben Stunde . . .

Da kam er! Genau, wie es zu erwarten war, gebückt unter einem prallvollen Rucksack. Beim Gehen schlurfte er mit den Füßen. Das hatte ich zuerst gehört.

Jetzt! Die Lampe blendete auf. Ich brüllte: „Hände hoch, oder ich schieße!“

Der Überrumpelte stand bewegungslos, eine schwarze, von der Last vornübergebeugte Gestalt. „Hände hoch!“ Er gehorchte langsam.

„Wo steckt die Pistole?“

„Ich hab’ keine.“ Die Antwort kam so schnell, daß die überzeugend klang.

„Wo ist das Gewehr?“

„Im Rucksack.“

„Leg den Rucksack auf die Erde, aber keine falsche Bewegung, sonst . . .“

Er schlüpfte aus den Riemen. Fast sah es so aus, als ließe er die Last gern fallen. Dann geschah etwas Unvorhergesehenes, ganz und gar Verblüffendes. Er raste davon, querfeldein auf das flammende Abendrot zu. Meine nachgesandten Rufe blieben nutzlos. Er ließ alles im Stich, um nicht festgenommen zu werden.

Befreit stand ich auf. Ich hatte übergenug Beweismaterial. Im Rucksack steckte ein mir unbekannter Spießbock und eines dieser verdammten automatischen Gewehre. Ein aufschraubbarer Schalldämpfer war ebenfalls vorhanden. Die Büchse war nicht geladen, aber im Magazin steckten mehrere Patronen.

Dann kam vom Dorf her die wilde Jagd angebraust. Vorweg Annemies Bruder, die Schwester hintendrauf und nur wenig später Isis auf dem Fahrrad.

„Was ist passiert?“

„Haben Sie ihn umgelegt?“

„Wo ist er?“

„Sie haben doch so wahnsinnig geschrien!“

Die aufgeregten Fragen überpurzelten sich geradezu. Stolz sagte Annemie: „Wir mußten Ihnen doch zu Hilfe kommen!“

Genau betrachtet war es mir nicht unangenehm, in Gesellschaft zu sein. Schließlich war es möglich, daß der Geflohene mit irgendwelchen zusammengesuchten Spießgesellen im Laufe der Nacht zurückkam, um das Auto zu retten.

Zuerst beruhigte ich die aufgeregten Gemüter und zeigte den Bock. Er war aufgebrochen. Nach einigem Suchen fand sich eine schweißende Stelle am Hals. Da saß die Kugel! Der typische Wildererschuß!

Aber größeres Interesse als der Bock erregte das Auto. „Nichts anfassen!“ sagte ich. „Alle Fingerabdrücke müssen heil bleiben.“ Dann wurden die weiteren Schritte überlegt: „Ihr fahrt jetzt zum Bürgermeister und holt ihn aus dem Bett. Dem gebt ihr meinen Ausweis von Konsul Meinhard. Ihr erzählt, was hier vorgefallen ist. Ich möchte einen verläßlichen Menschen zum Mitwachen haben . . .“ Schon wurde ich unterbrochen. „Still! Das geht nicht: Ihr habt noch nicht das vorgeschriebene Alter. Der Bürgermeister soll mir entweder den Gendarm besorgen oder Herrn Breitmeier aus Hootkrug. Die Telefonnummer schreibe ich euch auf, dann gibt es kein langes Gesuche.“

❀

Es wurde eine bewegte Nacht!

Zuerst hängte ich den Bock an den untersten Ast einer Birke. Dann sah ich mir das Gewehr noch einmal in Ruhe an, ein scheußliches Mittelding zwischen KK-Büchschen und Pistole mit Anschlagkolben.

Vom Dorf her kam ein Auto. Eine Frau stieg aus, bei der ich bald merkte, daß ihr die Bezeichnung „resolut“ auf den Leib paßte. Nach der Vorstellung sagte ich: „Aha, Sie sind also die Frau Bürgermeister.“

„Nein, ich bin die Frau des Bürgermeisters.“

Ich lachte anerkennend: „Ein feiner Unterschied, Frau Rahler. Ich werde ihn mir merken.“

„Mein Mann hat mit Oberwachtmeister Schulz gesprochen. Er kommt. Von Lüttgendorf braucht er zwanzig Minuten. Den Breitmeier wollte mein Mann noch anrufen. Das habe ich nicht abgewartet. Ich war doch zu neugierig. Ein toller Wagen!“

„Bitte, nichts anfassen!“ warnte ich erneut. Wir setzten uns an den Wegrain. Die angebotene Zigarette nahm die Resolute ohne weiteres an, obwohl sie spöttisch sagte: „In den Sommermonaten kostet das Rauchen im Wald dreißig Mark.“

„Wir sind nicht im Wald“, widersprach ich, „sondern am Waldrand. Außerdem ist es Amtspersonen erlaubt, wie der Frau des Bürgermeisters und dem beglaubigten Wilddiebsfänger.“

Das nächste Auto brachte den Bürgermeister, der im Gegensatz zu seiner lebendigen Frau ausgesprochen zurückhaltend wirkte, und den Polizeibeamten. Als endlich auch der Hootkruger angekommen war, meinte die Resolute, sie müsse nun wohl für eine angemesse Verpflegung des Wachtpersonals sorgen.

So wurde es eine vergnügte Nacht, bei der allerdings das Passen auf den möglicherweise zurückkehrenden Geflohenen zu kurz kam. Am nächsten Morgen kamen Kriminalbeamte, um den eroberten Wagen abzuschleppen.

Der Konsul fragte mich am Telefon, wie viele Tage Urlaub ich noch habe. Über eine Woche hatte ich noch Zeit. „Schießen Sie einen Bock, wie er Ihnen Freude macht", sagte er.

„Weidmannsdank! Am liebsten würde ich den Lauflahmen bekommen."

„Der gilt nicht. Sie haben außerdem einen gesunden Bock frei und den kranken sowieso."

❀

Am Mittwoch nachmittag traf ich mich mit Annemie und Isis im Café Blumenberg. Sie brannten darauf, Einzelheiten über das vorläufige Ende der aufregenden Geschichte zu erfahren.

Nachdem Tortenstücke und Schlagsahne aufgetragen waren, begann ich meinen Bericht: „Der junge Mann heißt Harry Felsen. Das war mit Hilfe der Autozulassung natürlich sofort festzustellen. Gutbürgerliches Elternhaus. Im Vorjahr abgeschlossene Lehre als Mechaniker. Volles Lob des Firmeninhabers, der ihn auch als Geselle behielt. Bei den Mitarbeitern galt er als Spinner. Den größten Teil seiner Freizeit widmete er dem Wunderwagen. In seiner Wohnung wurden fünf Gehörne gefunden."

„Also ist er schon länger wildern gefahren", sagte Isis.

„Genau! Mindestens im Vorjahr, vermutlich aber schon vorher."

„Und wo ist er jetzt? Im Gefängnis?"

„Langsam, keine Ungeduld! In seiner Panik ist er zu seiner Großmutter gelaufen, mit der er wohl ein besonders gutes Verhältnis hat. Sie wohnt in Rallerburg. Die alte Dame tat

das Vernünftigste, was in dieser Situation möglich war, sie überredete ihn, sich sofort freiwillig zu stellen. Das hat er dann auch gemacht. Nach dem Verhör, in dem er so ziemlich alles zugegeben hat, wurde er auf freien Fuß gesetzt, weil weder Flucht- noch Verdunklungsgefahr bestand."

„Was hat er bloß mit dem vielen Fleisch gemacht, ich meine von den Rehen?"

„Annemie, das hat er verscherbelt; an wen, weiß ich nicht. Und das Geld steckte er in sein Auto."

„Wie hoch wird die Strafe sein?"

„Keine Ahnung. Da er sich selbst stellte und noch nichts auf dem Kerbholz hat, kommt er vielleicht mit Bewährung davon. Wenn ihn dann sein Arbeitgeber behält, kann alles noch zu einem guten Ende kommen."

„Hoffen wir das Beste!" sagte Isis, während sie den Schlagsahnenrest auf dem Teller zusammenkratzte.

„Geht zur Anrichte", sagte ich, „und sucht euch noch ein Stück Torte aus. Keine Widerrede! In eurem Alter kann man sieben Stück verdrücken."

„Vierzehn!" sagte Isis. Ihre dunklen Augen leuchteten spöttisch.

Nach einer halben Stunde verabschiedete ich mich von meinen Freundinnen. In mir war ein Wunschbild entstanden: Der Lauflahme wagte sich nicht mehr in die freie Koppel hinaus; er war zu heimlich geworden. Aber auf der Schnepfenblöße würde er auftauchen. Von der Himmelhochfichte aus konnte ich ihn bekommen.

Zwei Abende später wurde meine Ausdauer belohnt. Aber dies Erlebnis und die Erlegung eines guten Bockes in der Brunft sind eine andere Geschichte.

Der Unfall

Diese Kurzgeschichte versucht, einige Fragen zu beantworten, zu denen die Leserin, der Leser eine eigene Meinung finden möge.

„Vor fünf Tagen geschah der Unfall. Die Bezeichnung ist falsch! Es müßte heißen: Das Grauenhafte.“

Abends saß ich auf dem Eichenhochsitz. Die Septembersonne stand noch drei Handbreit über dem gräflichen Forst. Bauer Sauermann pflügte die Haferstoppeln um. Wahrscheinlich sollte Roggen auf den Acker kommen. Auch ohne das Fernglas zu nehmen, konnte ich seine dunkle Gestalt im Führerhäuschen des Treckers erkennen. In einer halben Stunde würde er mit seiner Arbeit fertig sein und zum Hof fahren. Dann würden die Rehe aus dem üppig stehenden Mais zum Klee kommen.

Sauermann war genau gegenüber auf höchstens 120 Meter, und dann war er verschwunden, einfach fort, nicht mehr vorhanden. Auch durch das Glas konnte ich ihn nicht sehen. An meinem Augen lag es nicht. Alles übrige, der Trecker mit dem angebauten Pflug, das schon wieder ein wenig begrünte Feld, auch die zwei Tauben, die zum Dorf flogen, Haustauben wahrscheinlich, war deutlich zu erkennen. Nur der Fahrer auf der Maschine fehlte.

Am Schlagende wendete der Trecker nicht, wie er es zwei, drei dutzendmal getan hatte. Geradeaus fuhr er in die Koppel – man hörte das Krachen eines Zaunpfahles –, beschrieb in der Weide einen Bogen und verschwand in der Senke, in der die Ralla fließt.

Eine halbe Minute oder auch eine ganze saß ich wie gelähmt, mein Kopf begann zu schmerzen, dann dachte ich: Hilfe holen! Schnell! Ich lief zum Wagen, der am Ende des Feldweges im Schatten des großen Birnbaumes stand. Du hattest mich natürlich schon von weitem gesehen, Dina."

Der Mann in der grau-grünen Jacke beugte sich zu der Münsterländerin hinunter und streichelte ihren Kopf. Der Hund wedelte mit der Fahnenrute, gähnte tief, so daß die Rote-Grütze-Zunge zum Vorschein kam, und jaulte leise. Das hieß: Ich liege dicht neben dir, habe keinen Hunger und bin glücklich.

Der Mann setzte sein Selbstgespräch fort, bei dem manche Sätze nur gedacht, andere halblaut ausgesprochen wurden: „Dann fuhren wir in wildem Tempo zu Sauermanns Hof. Das Tor stand offen, die Haustür war unverschlossen, aber niemand war zu finden. Sogar Tante Helga, die sich nur mit Krücken mühsam fortbewegen konnte, war verschwunden. Mich grauste, ich bekam regelrecht Angst.

Also zum Dorf! In der Siedlung, in der die Pendler zum WSV-Werk ihre gepflegten Häuschen haben, war niemand zu sehen, kein auf der Straße spielendes Kind, keine Hausfrau, die mit der Nachbarin schwatzte.

Erst an der Posthilfsstelle hielt ich an. Von der alten Knirke, deren Röntgenblicke scheinbar den Inhalt jedes durch ihre Hand gehenden Briefes entziffern konnten, fehlte jede Spur. Das Telefon! Ich fand drei Groschen und rief die Polizei an. Niemand meldete sich. Die Feuerwehr! Das gleiche entmutigende Ergebnis. Mein Geld klimperte in das Auffangschälchen; es klang höhnisch.

Dann versuchte ich, die mir einfallenden Bekannten in der Stadt anzurufen. Keine Antwort. Mein Markstück kam ein dutzendmal unverrichteter Dinge herausgeglitten. Die Ahnung stieg auf, daß die Menschheit auf unbegreifliche Weise verschwunden war, ausgelöscht, nur ich war übrig geblieben. Warum ausgerechnet ich? Für ein paar Tage Galgenfrist? Auf längere Zeit? Für immer? Ich war allein, mutterseelenallein – aber du warst bei mir geblieben, Dina. Weißt du noch, wie ich aus dem verlassenen Posthaus herauskam und dich im Auto umarmte? Ich habe ein bißchen geheult, ohne mich zu schämen. Dein Fell war weich wie immer, du rochst nach gesundem Hund wie immer."

„Vespern", dachte der Mann. Gefolgt von der braunweißen Münsterländerin, ging er in den geräumigen Wohnraum des Jagdhäuschens, das ein paar hundert Schritt vor dem Dorfeingang unter einer breitkronigen Linde stand. Die ersten vergilbten Blätter zeigten den Herbstbeginn an. Aus dem Vorratsschrank in der winzigen Küche holte der Mann Brot. „Nur noch wenige Tage kann ich es mir aus der Bäckerei Wirzel nehmen", dachte er, „dann ist es knüppelhart oder verschimmelt. Keine Angst! Im Supermarkt liegt Knäckebrot auf Jahre hinaus. Das wird sich halten. Wenn beim Ausfall der Kühleinrichtung die Butter und die Margarine ungenießbar werden, wird ein Schwein geschlachtet. Die Tiere sind unversehrt. Überall, wohin ich komme, lasse ich sie laufen, wenn sie aus ihren Ställen um Hilfe rufen. Nur mit den Kühen ist es eine traurige Sache. Manche bekommen Euterentzündung, wenn sie nicht gemolken werden. Ob sie das überstehen, ist die Frage.

Kaffee ist noch genug in der Kanne. Drei Sorten Marmelade; diesen Luxus habe ich mir früher nicht geleistet. Halt den Schnabel, Dina! Gebildete Hunde betteln nicht. Sie wissen, daß sie ihren Teil auch ohne Quiemen bekommen."

Während der Mann nach einem reichlichen Mittagbrot mit halbem Hunger zu essen begann, spann er den Gedankenfaden der letzten Tage weiter: „Warum bin gerade ich verschont worden, ich, Wolf Rastein, 37 Jahre alt, geschieden, ohne Anhang, keiner Religionsgemeinschaft aktiv angehörend, leidlich erfolgreicher Rechtsanwalt und Alleinpächter der Althöfer Gemeindejagd . . .“

Er schnitt die zweite Brotschnitte ab. Mit dem großen Messer wurde sie so geformt, wie er es liebte. Dünn Leberwurst, entschied er, wie alles andere kostenlos eingekauft. „Wo waren wir stehengeblieben? Jagdrevier. Wenn tatsächlich alle Menschen verschwunden sind, gibt es keine Grenzen mehr. Ich kann jagen, so weit ich mit dem Auto fahren will. Die Tankstellen sind bestimmt fast unerschöpflich, wenn ich sie allein benutze. Schließlich gibt es überall Tankstellen.

Was wird mit der Jagd? Rotwild, Sauen, Rehe werden sich gewaltig vermehren, trotz möglicher Winterverluste ohne Fütterung und sich vielleicht ausbreitender Seuchen. Ohne jede behördliche Vorschriften darf ich jagen, die stärksten Hirsche, von denen ich bisher nur träumen konnte, gehören mir. Die? Mehrzahl? Vermutlich werde ich mir in jedem Jahr nur einen erlauben. Was soll man mit 300 Pfund Wildbret anfangen? Und wem zeige ich die Goldmedaillen-Geweihe?!

An den Gedanken, allein zu sein, muß man sich erst gewöhnen; es gibt keinen Freund, keine Frau. Wie werde ich ohne Frau auskommen? Überschnappen? Man muß sich Mühe geben, es wenigstens zu merken, wenn die Leitung anfängt zu schmoren, bevor sie durchbrennt. Und etwas dagegen tun! Schon jetzt kann ich mich nicht mehr an den Ablauf der letzten Tage erinnern; da ist ein Nebel. Man müßte anfangen, Tagebuch zu führen. Schluß mit der

Grübelei, sie führt zu nichts. Dina, wir gehen jetzt zum Feldherrnhügel. Ja, der gute Hund darf mit-mit!“

❀

Rolf Rastein hatte den Namen „Feldherrnhügel“ erfunden. Es handelte sich um eine Sandscholle halb so groß wie ein Fußballplatz, die um knappe drei Meter den anmoorigen Boden ringsherum überragte. Wo Vorflut bestand, also drainiert werden konnte, waren es Felder von Bauern, die früher zwei bis vier Pferde angespannt hatten. Jetzt waren sie von Treckern abgelöst worden. Tiefer gelegene Flächen wurden als Wiesen genutzt.

Der „Fasanenpuhl“ war ein alter Torfstich, an den sich der Gemeindewald anschloß: Weidengebüsch, Erlen, Birken und gegen die stauende Nässe ankämpfende Kiefern. Das war landschaftlich und jagdlich die schönste Stelle des Reviers. In jedem Jahr stand hier ein leidlicher Bock. Fasanen gab es allerdings nach dem verheerenden Winter vor etlichen Jahren nicht mehr. Zwei Versuche, sie neu anzusiedeln, waren gescheitert. Nasse Vorsommer trugen die Schuld und die Fuchsfähe, die regelmäßig an einer unzugänglichen Stelle im Busch ihr Gehecke aufzog.

An der günstigsten Stelle des Feldherrnhügels stand eine acht Meter hohe Kanzel, die mit großer Liebe und beachtlichem Verständnis gebaut war. Als junger Student hatte er in den Semesterferien bei Zimmerleuten auf dem Bau gearbeitet. Die dabei erworbenen Fähigkeiten kamen ihm überall zugute, galt es, mit Holz umzugehen.

„Platz, Dina!“ sagte Wolf und zeigte auf den schon zusammengedrückten Farnkrauthaufen unter der Leiter. „Und wehe, wenn du wieder hinter dem lieben Häschen durchbrennst!“ Natürlich wußte er, daß ihn die Münsterländerin nicht wortwörtlich verstehen konnte. Aber der Ton der Warnung war bekannt. Ob sie bei einer neuen Versuchung auf eine fröhliche Privatjagd verzichten würde, war allerdings zweifelhaft. Die absolut gehorsamen Hunde gab es ohnehin nur im Anzeigenteil der Jagdzeitschriften. Das einfache Mittel, den Hund anzuleinen, lehnte Wolf vorerst ab. Er hatte sich in den Kopf gesetzt, ohne Zwang auszukommen.

Um den letzten Endes doch störenden Bau nach und nach zu verhüllen, waren zwischen die Pfosten vier Douglasien gepflanzt worden. Siebzehn Sprossen waren auf die Leiterholme genagelt. Oben angelangt, richtete sich Wolf auf der niedrig-breiten Bank bequem ein. Das Glas legte er neben sich. Ein Gewehr hatte er nicht mitgenommen. Er konnte sich nicht vorstellen, auf irgendetwas schießen zu wollen. Ein Wilddieb? Dem wäre er vermutlich, einen grünen Zweig als Friedenszeichen schwingend, entgegengelaufen, um ihn zu umarmen.

Auf seinem Lieblingshochsitz freute sich Wolf jedesmal über den weiten Rundblick in der einförmig flachen Landschaft. Wild war vorerst nicht zu entdecken. Also setzte er sein Selbstgespräch fort.

„Die Schwalben fangen ihre Insekten in vierzig Meter Höhe. In ein paar Wochen kommt die große Winterreise. Nur die Schwalben sind am Himmel, kein Flugzeug. Demnach hat die Katastrophe auch in den Nachbarländern zugeschlagen. Gäbe es irgendwo noch Flugzeugführer, würden sie längst über die Grenzen gekommen sein, um auszukundschaften, was bei uns passiert ist.

Robinson hatte es übrigens weitaus schwieriger als ich. Er mußte sich seine Behausung erst zurechtzimmern und konnte nicht im Supermarkt bargeldlos einkaufen. Was muß ich morgen mitnehmen? Aufschnitt, ein paar Dosen zum Aussuchen des Mittagessens sind vorhanden, Kaffee allerbester Qualität ebenfalls. Bloß eine Mühle mit Handbetrieb war noch nicht zu entdecken. Der hübsche altmodische Mörser aus der Apotheke tut es auch.

Morgen ist die Kultur an der Reihe. Ich leihe mir zwei oder drei Bücher aus und suche im Antiquitätengeschäft nach einem Grammophon mit Kurbelbedienung. Die Platten gibt es in der Fachhandlung. Carmen, Hoffmanns Erzählungen, der Bolero von Maurice Ravel, die Begleitmusik von Doktor Schiwago, ‚O, mein Papa', Lilli Marlen, Tom, der Reimer: ‚Und wenn sie leis am Zügel zog . . .'

Halt! Ein Reh. Kommt natürlich aus dem Fasanenpuhl. Es ist ein Bock. Wenn man das ohne Glas erkennt, kann er nicht schlecht sein. Ja, es ist ein guter, sogar ein sehr guter Bock, und ich kenne ihn nicht einmal! Schon halb verfärbt. Nicht mehr jung mit seinem grau melierten Gesicht, soweit man das im Haarwechsel entscheiden kann. Beim Sichern wird das Haupt nicht jugendlich-forsch hochgereckt, sondern mehr waagerecht getragen. Soll ich ihn morgen schießen? Heute steht die Büchse ja zu Hause. Noch in der vergangenen Woche hätte ich keinen Augenblick gezögert. Es wäre mein dritt- oder viertstärkstes Gehörn geworden, und Obermeier hinter der Grenze schläft nicht.

Es gibt keine Grenzen mehr und keinen Nachbarn Obermeier, der ein anständiger, aber wild-passionierter Jäger war. Was mach' ich? Nicht schießen?

Bock, in diesem Augenblick bist du moralisch tot, denn du stehst jetzt schon auf beste Schußentfernung. Du gehörst mir; auch ohne Schuß. Das ‚Lebendig-Haben-Wollen' hat es irgendeiner genannt, Zuckmayer, glaube ich.

Wie alt ist der Bock? Vielleicht fünf Jahre. Genau wissen das nur die Jagdpäpste. Entschuldigung: wußten; Vergangenheit. Ich möchte dich noch oft bewundern und abwarten, bis die Alteichen drüben mal wieder volle Mast tragen. Wenn du dann ein Vierteljahr Eicheln geknackt hast, dann . . . vielleicht . . . So schnell beruhigt sich die größte Jagdleidenschaft, wenn man Alleinherrscher geworden ist."

Wolf hob das Glas: „Der Habicht! Er streicht niedrig am Buschrand entlang. Seitdem die Fasanen verschwunden sind, muß er zusehen, eine diesjährige Taube zu bekommen oder eine Amsel. Wie bitterböse war ich, wenn er auf einer meiner Plastiklocktauben krallte, und ich durfte nicht schießen. Heute? Es gibt kein Jagdgesetz mehr. Trotzdem werde ich ihm vermutlich auch in Zukunft nichts tun.

Gibt es überhaupt keine Gesetze mehr? Komischer Gedanke! Der Kategorische Imperativ des Königsberger Philosophen Kant ist ausgelöscht. ‚Handele so, daß die Maxime deines Willens zugleich als Prinzip einer allgemeinen Gesetzgebung dienen kann.' In der Schule bei ‚Rumpelstilzchen' haben wir es auswendig lernen müssen. Er bekam dabei seine andächtigen Augen. Es läßt sich auch einfacher ausdrücken: ‚Was du nicht willst, daß man dir tu . . .'

Kants Imperativ ist ausgelöscht, weil kein anderer mehr vorhanden ist. Folgt demnach allgemeine Gesetzlosigkeit mit fortschreitender Verwilderung des Denkens und Handelns? Das wollen wir nicht hoffen. Wie wäre es mit einem neuen Imperativ: ‚Handele so, daß du dir morgens beim Rasieren unbeschwert in die Augen sehen kannst!' Das ist eine in doppelter Beziehung erstklassige Formulierung. Einmal wird ein anständiges Betragen garantiert, und zum anderen verwahrlost man nicht, wenn man sich täglich rasiert oder wenigstens alle zwei Tage.

Es gibt keine Gesetze mehr und auch keinen sauren Regen. Ob die Bäume nun wieder halb in den Himmel wachsen werden? Und keine Industrie leitet ihr Schmutzwasser in die Flüsse. Die Fische können gedeihen, bis sie armlang sind, und niemand wird sie zu fangen versuchen."

Es war dunkel geworden. Als schwarzer Balken säumte der gräfliche Forst den Horizont. Es roch nach fallendem Tau. Eine Eule umrundete lautlos die Bäume des Feldherrnhügels. Wolf mäuselte, indem er das Handgelenk an die Lippen preßte und die Luft scharf einzog. Der Kauz ließ sich täuschen und schwebte auf doppelte Armeslänge heran. Der einsame Jäger freute sich, daß die Fopperei geglückt war. Dann kletterte er hinunter. Dina begrüßte ihn stürmisch. „Ja, der gute Hund war brav", sagte er, „weil es keine Versuchung gab. Wir fahren jetzt nach Haus und essen in aller Gemütsruhe Abendbrot. Natürlich bekommt auch der gute Hund sein Häppchen."

„Auhhh", sagte die Braunweiße, lief zu ihrem Lieblingsbusch in dieser Gegend und verrichtete ihr kleines Geschäft.

❀

Ein Regentag folgte. Wolf fuhr zur Stadt und stöberte tatsächlich ein noch brauchbares Grammophon auf, neben dem auch ein Schächtelchen mit neuen Nadeln lag. Länger als eine Stunde suchte er im Schallplattengeschäft nach seinen Lieblingsmelodien. Einige waren vorhanden, andere, an die er nicht gedacht hatte, kamen dazu.

Im Jagdhäuschen wurde ohne ungute Hast das Mittagessen vorbereitet: Gulasch mit Pfifferlingen, dazu sollte es Salzkartoffeln geben. Beim Schälen überlegte Wolf: „Der denkende Mensch läßt sich vom Winter nicht überraschen. In der Stadt wird es ohne Fernheizung und Strom bitterkalt. Vorher muß ich möglichst viele Flaschen, die auffrieren könnten, in frostsichere Keller bringen und warm zudekken; meinetwegen mit echten Perserteppichen. Kartoffeln erfrieren am leichtesten. Wenn ich später kein vernünftiges Brot mehr habe, kann ich auf Kartoffeln nicht verzichten. Auf der Domäne steht noch ein Schlag von 8 oder 10 Hektar. Die Sauen werden mir so viele übriggelassen haben, daß ich genug einkellern kann, gleich sortiert in Eßkartoffeln und Pflanzgut für das nächste Jahr.

Roggen und Wintergerste sind schon gedrillt. Wenn sie überreif geworden sind, verstreuen sie so viele Körner, daß genug aufwächst, um diese Getreidearten nicht aussterben zu lassen. Für die Kartoffeln muß ich im nächsten Frühjahr einen Trecker besorgen und ein Ackerstück zurechtpflügen. Ich habe noch nie auf einem Trecker gesessen, aber wo ein Wille ist, da ist ein Weg. Als Quartaner haben wir das bei ‚Big Ben‘ in Englisch gelernt. Das Wetter macht mich melancholisch. Warum mußte ich allein . . . Wann werde ich verblöden? Sofort wird an etwas Schönes gedacht, an etwas Wundervolles!

Englisch bei ‚Big Ben‘. Zwei Jahre lang war ich faul. Der kleine Dicke setzte sich nicht durch. Dann bekamen wir den ‚Stier von Uri‘, diesen unerträglich korrekten Schulmeister, und ich hatte meine Fünf auf dem Februarzeugnis. Da es in Chemie auch noch wackelig stand, hieß es: ‚Versetzung gefährdet‘. Meine gute Mutter verordnete Nachhilfeunterricht. Für die Schulangelegenheiten war sie zuständig. Papa steckte bis über die Ohren in seinen Akten. Für einen ehrgeizigen Landgerichtsdirektor bedeutete das täglich zwei bis vier Stunden zusätzliche Arbeit zu Hause.

Der englische Nachhilfeunterricht war nicht nur erfolgreich, sondern verzaubernd, unvergeßlich. Katrin,

Katinka, Kartuschka durfte ich sie später nennen. Ende der Zwanzig, karottenroter Pferdeschwanz, obwohl der eigentlich schon aus der Mode war, nicht genormt hübsch, eher apart, angehende Lehrerin.

In der zweiten Stunde – bei ihr in der Wohnung – mußte ich einen Test schreiben. Plötzlich legte sie die Hand auf meine: ‚In der letzten Zeile ist ein Fehler.' Ihre Hand blieb liegen; sie war gut geformt und kräftig. Zweimal in der Woche fuhr sie nach Römerhof, wo Leihpferde standen. Dort nahm sie Reitunterricht. In mir war Aufruhr. Ich küßte ihre Hände. Dann küßten wir uns. Ich versuchte – sehr ungeschickt – sie zu streicheln.

‚Du hast keine Freundin?' fragte sie, ‚auch noch nie eine gehabt?'

Ich schüttelte den Kopf: , Die so alt sind wie ich, glauben, wer weiß was vorzustellen. Dabei sind es alles nur Gänse.'

Sie hielt meine Hand fest und lächelte: ‚Nicht hier!' Mit schnellen Schritten ging sie zur Tür und schloß ab. Dann sagte sie: ‚Komm!' und führte mich in das kleine Schlafzimmer.

Was folgte, war die ergreifend-schönste Stunde meines Lebens. Als wir ausruhend auf der Couch lagen, sagte sie: ‚Paß auf, Wolf! Von jetzt an büffeln wir mit doppelter Anstrengung. Das nächste Mal müssen wir die Vier und dann die Drei schaffen.'

Sie war Ende der Zwanzig, ich sechzehn. Für gewöhnlich heißt es, daß sich eine so frühe Liebschaft ungünstig für den Jungen auswirkt. Das ist Unsinn, wenigstens in meinem Fall. Der heimliche Stolz, die Glückseligkeit des Erlebnisses bewirkten, daß ich auch in anderen Fächern besser abschnitt als vorher. In Englisch ging es sowieso ständig bergauf.

Bestimmt hat sie mir nicht alles gezeigt, was sie als erfahrene Frau kannte, sie beschränkte sich auf eine tiefe Zärtlichkeit.

Einmal sagte ich: ‚Du, es ist doch das Wichtigste, was es zwischen Frau und Mann gibt?' Nach einer kleinen Pause des Überlegens sagte sie: ‚Ja, es ist das Wichtigste! Weil es die Grundlage bedeutet für das Aller-Allerwichtigste, das Sich-ganz-Vertrauen, das Sich-ganz-Verstehen, das . . . Sich-Lieben.'

Ein paar Jahre später – ich war schon auf der Uni – hörte ich, daß sie die Schule habe wechseln müssen. Sie hatte etwas mit einem Abiturienten angefangen, und das war zum Stadtgespräch geworden. Katrin, Katinka, Kartuschka, ich bin dir dankbar bis an mein Lebensende. Meine Dankbarkeit ist so groß, daß ich das übertrieben klingende Wort ‚Lebensende' gebrauchen darf."

Bewußt langsam wurde das Mittagessen verzehrt. Wolf gestattete sich nicht, zu schlingen. Nach dem Hauptgang gab es eingemachte Pfirsiche. Währenddessen sang Tauber: „Von Apfelblüten einen Kranz . . ." Wie immer, wenn Wolf diese Melodie hörte, dachte er: „Mutti hat uns verboten, von blühenden Obstbäumen auch nur einen kleinen Zweig abzuschneiden. Das sei ebenso unrecht, wie ein Stück Brot wegzuwerfen."

Wolf stellte das Geschirr in die große Plastikwanne und goß aus dem Vorratsfaß Wasser dazu, damit die Speisereste nicht festklebten. Eine darüber angebrachte Handpumpe lieferte ein brauchbares, wenn auch etwas eisenhaltiges Wasser.

Dann klappte er das Bett von der Wand. „Jetzt kommt der totenähnliche Mittagsschlaf", sagte er zur Münsterländerin. „Nein, gebildete Hunde bleiben auf ihrer Decke. Raufhopsen ist unerwünscht.“ „Woran will ich bis zum Einschlafen denken? Da ist etwas mit einem Unfall. Ich weiß nicht, ob ich es geträumt habe. Aber es ist ein schwerer Unfall gewesen, und ich habe die Begleitumstände vergessen. Dazu diese Kopfschmerzen, die ich früher nie gehabt habe. Morgen muß ich mir etwas aus der Apotheke holen, rezeptfrei. Wenn es aufklart, fahre ich ins Gräfliche. Mal sehen, ob es die Hirsche und Sauen schon gemerkt haben, daß es keine Menschen mehr gibt. Aber jetzt will ich schlafen. Ich denke an dich, Katrin, was immer dir geschehen sein mag.“

❀

Als Wolf Rastein nach einer Stunde aufwachte, war es draußen erfreulich heller geworden. Die Tropfen fielen nur noch als durchsichtiger Schleier. Zwischen hellgrauem Gewölk leuchtete am Himmel ein blauer Fleck, so groß wie ein Weiberrock, wie die alten Leute es nannten. Am Westhorizont verhieß ein gelber Streifen, daß die Sonne in längstens einer Stunde durchbrechen würde.

„Ein Kommeabend für das Wild, Dina“, sagte Wolf. „Ob die Hirsche richtig schreien werden? In fünf Minuten Abfahrt!“

Unterwegs sprach Wolf mit seiner geschiedenen Frau: „Zwischen Weihnachten und Neujahr sollte in Hohenbrück gedrückt werden. Nach dem Frühstück saß ich auf dem Hochsitz neben dem Großen Wildacker. Vorher war ich nicht zu Schuß gekommen. Plötzlich waren Frischlinge da, sieben oder acht. Ich schoß dreimal, zwei lagen. Die letzte Kugel war vorbeigegangen. Ich sah, wie sie einen halben Meter zu hoch in den weichen Boden einschlug. Wir hatten keinen Frost.

Zur Kaffeetafel waren die Damen geladen. Julia, du hattest deinen schwarzen Hosenanzug an mit dem großen weißen Kragen. Du sahst wie ein Page auf der Bühne aus, der von einem schönen Mädchen gespielt wird. Ich war sehr stolz auf dich, denn die anderen Damen wirkten blaß. Besonders stolz war ich, weil du vermiedest, dich in den Vordergrund zu drängen; was du sonst übrigens durchaus verstandest. Es war auch nicht nötig, denn die Herren waren von dir begeistert und ein paar kluge Damen auch.

Du hast den Abend genossen, Julia, weil du Empfänge, Konzerte und die Eröffnungen von Ausstellungen liebtest. Weil alle diese Belustigungen mir widerwärtig sind, haben wir uns als angenehm gebildete Mitteleuropäer so anständig wie möglich getrennt. Die ‚Mitteleuropäer' müssen von Thomas Mann stammen.

Dann war noch deine Einstellung zu meiner Jagdpassion. Du konntest nur eine Art von mitleidiger Duldung aufbringen: ‚Ja, mein Liebling, ich weiß, deine Abstammung von den Menschen aus des Eiszeit. Schon deine Ahnen jagten, ich weiß.' Und schließlich gab es noch einen letzten Scheidungsgrund, über den aber nicht verhandelt wurde. Du hattest gesagt, daß du noch lange auf ein Baby verzichten könntest, und ich wünschte es mir, das heißt, am liebsten zwei.

Jetzt schreiben wir uns zu den Geburtstagen und zu Neujahr eine freundliche Karte und hoffen, daß es dem anderen ebenfalls möglichst gut gehen möge."

Die Tür des Herrenhauses war geschlossen. Wolf rief so laut wie möglich: „Hallo, ho, ho!" Aber kein Mensch ließ sich blicken. Nur ein Schwarm blau-weißer Tauben warf sich vom Dachfirst aus in die Luft, und ein bildschöner beigefarbener Cocker erschien um die Hausecke herum. Pflichtgemäß vollführte er einen Riesenkrach, weil sich ein

Fremder in die Nähe „seines“ Reiches wagte. Aus der Sicherheit „ihres“ Autos heraus antwortete Dina in gleicher Lautstärke.

Wolf kurbelte das Fenster noch etwas mehr hinunter. „Schluß!“ schrie er. „Aufhören! Platz, Dina!“ Widerwillig setzte sich die Münsterländerin auf den Rücksitz, nicht ohne etwas zu brummen.

„‚Himmelkreuzkuckuck‘ hast du eben gemeint“, sagte ihr Herr vergnügt. „Ich habe es genau verstanden.“ Und dann zum Kontrahenten: „Nun sei mal still, du Bildschöner! Komm her und überzeuge dich, wie hervorragend wir riechen. Du lebst also von den lieben Hühnchen, die hier überall herumgackern.“ Dem Haus gegenüber befand sich ein Rhododendronboskett. Auf dem umgebenden Rasen zeigten mehrere Rupfstellen weißer Hühner, wie sich der Cocker mit den veränderten Umweltbedingungen zurechtgefunden hatte. „Paß auf, du Prachtkerl, wenn du den Winter überstehst – und ich zweifle nicht daran –, kommst du zu uns. Ist Dina dann heiß, darfst du der Vater von einem halben Dutzend wunderhübscher Knuddelwelpen werden.“

Der schmeichelnden Menschenstimme konnte der Spaniel nicht widerstehen. Unter Wind kam er zum Autofenster und sprang, von der nicht mehr ablehnenden Münsterländerin begrüßt, am Wagen herauf.

„Kratz mir nicht den letzten Lack ab!“ sagte Wolf beschwichtigend, „auch wenn die gute alte Karre Kummer gewöhnt ist.“ Nachdem sich die Hunde ausgiebig begrüßt hatten, bestimmte er mit verändertem Ton: „Schluß der Vorstellung! Wir wollen weiter. Nein, der gute Hund kann nicht mitkommen. N e i n , geh auf dein liebes Plätzchen! Abfahrt!“ Tief betrübt trottete der Cocker zur Seite und suchte sich auf dem Rasen einen ihm genehmen Platz.

Von verschiedenen Jagden, an denen er teilgenommen hatte, kannte Wolf den Weg zum Großen Wildacker. Der gräfliche Forst war zu den Feldern hin abgegattert. Das Tor mußte geöffnet werden. Als der Wald begann, säumte ihn eine Reihe auf Meterlänge geschnittenes Buchen-, Fichten- und Kiefernholz. „Ich muß mir bald einen Trecker besorgen“, nahm sich Wolf vor. „Dann wird das Jagdhaus ringsherum mit Holz zugepackt, bis auf die Fenster und die Tür. Im Winter hole ich mir immer etliche Knüppel in die Kammer und schneide sie für den Ofen zurecht; mit Motorsäge, versteht sich. Ich bleibe draußen! Jedesmal, wenn ich in die Sendlerstraße komme, ist die Menschenleere wie ein Schlag aufs Herz. Das ist nicht mehr meine alte Wohnung, es ist wie ein Leichenhaus ohne Trauergäste.“

Der Hund wurde zweihundert Schritt vor der Blöße im Auto gelassen, obwohl er ein herzerweichend trauriges Gesicht machte. Bleib schön in deinem lieben Wagen. Ich komme wieder, immer wieder.“ Dina kannte den Spruch und fügte sich tief aufseufzend in das Unvermeidliche.

Auf dem Hochsitz richtete sich Wolf so bequem wie möglich ein. Der Wildacker unter ihm war geteilt. Auf der einen Hälfte hatte Hafer gestanden, von dem nur geknickte Strohbüschel übriggeblieben waren. Gelbe Süßlupinen und Serradella waren eingesät worden und lieferten jetzt eine hervorragende Äsung. Auf der anderen Seite standen Kartoffeln, in denen überall geplätzt und gebrochen worden war.

Nach zehn Minuten erschien schon eine Ricke, die zwei Kitze führte. Sie begannen sofort, in der Gründüngung zu äsen. „Die Gräflichen sind vernünftige Leute“, dachte Wolf, „daß sie sich auf keine Experimente mit fragwürdigen Futterpflanzen einlassen. Neulich wurde in der Jagdzeitung sogar die Bienenweide Phacelia empfohlen, die kein Wild anrührt. Die Schmetterlingsblütler sammeln Stickstoff, und im nächsten Jahr kommen dort Kartoffeln.

Im nächsten Jahr? Wer soll sie pflanzen? Ist auch nicht mehr nötig, wenn draußen Zehntausende von Hektar Ackerflächen und Wiesen nur für das Wild daliegen. Es wird wie im Paradies; so, wie sich ein Jäger das Paradies vorstellt. Ob Rotwild kommen wird?" Wolf hatte erst zwei geringe Hirsche geschossen und den Rumänen, den größten Reinfall seines jagdlichen Lebens.

Nachdem Direktor Wagner – Firmengründung am äußersten Rande der Legalität – mangels Beweisen freigesprochen worden war, kam für seinen Verteidiger der Durchbruch. Die Klientel wuchs. Im Herbst des nächsten Jahres konnte er sich eine Reise zur Brunft nach Rumänien leisten.

Aber eine Woche war zu kurz, wenn noch zwei verregnete Tage fehlten. Erst am letzten Morgen kam er auf einen starken Hirsch zu Schuß. Das gewaltige Wild verschwand sofort im Unterholz. Am Anschuß fand sich nicht näher einzuordnendes Schnitthaar. Zehn Schritt weiter war auf Faulbaumblättern Schweiß abgestreift. Beim Fehlen eines verläßlichen Hundes wurde der Hirsch nicht gefunden. Eines beginnenden wichtigen Prozesses wegen mußte Wolf schweren Herzens abreisen. Ab er das bittere Ende kam nach einer Woche: Da erhielt er ein Riesengeweih zugestellt. Auf dem Begleitschreiben hieß es, das wäre sein doch noch verendet gefundener Hirsch. Er möge die Abschußgebühr durch Zahlung des fälligen Restes begleichen. Es handelte sich um eine beachtliche Summe.

Jetzt hing das klobige Geweih ungeliebt in der Stadtwohnung. Wolf hatte längst aufgegeben, darüber zu rätseln, ob es wirklich sein Hirsch sei oder eine untergeschobene ähnliche Trophäe. Unwillkürlich hob er im Rückerinnern die

Schultern: „Wir wissen es nicht, und wir werden es nicht wissen."

Die Sonne verschwand hinter den golden gefärbten Fichtenwipfeln einer doppelt-mannshohen Fichtenschonung. In ihr war geheimnisvolles Leben. Das Anstreichen von Wildkörpern war an dem windstillen Abend zu hören. Einmal knackte ein Dürrast, der wohl auf der Erde lag. Dann hustete ein Stück. Schließlich knörte ein Hirsch, als wäre er gerade aus dem Nachmittagsschlaf aufgewacht. Kurz darauf schrie ein zweiter herausfordernd am rechten, von Wolf nicht einzusehenden Schonungsrand. Der erste, vermutlich der Platzhirsch, antwortete bitterböse. Beide Rivalen zogen aufeinander zu, es kam aber nicht zum Kampf. Der Ankömmling erkannte die Überlegenheit des Gegners und suchte sein Heil in der Flucht. Mit wildem Sprengruf verfolgte ihn der Herr des Rudels: „Öh! Öh! Öh!"

Ein mittelalter Kronenzehner flüchtete auf den Wildacker hinaus. In einigen Jahren würde er ein begehrenswertes Geweih tragen. Vor dem hohen Holz links von der Kanzel verhoffte er und schrie etwas Ängstlich-Wütendes zurück. Dann verschwand er zwischen den Bäumen. Nur für Sekunden war der Platzhirsch am Rand der Fichtenschonung aufgetaucht. Wolf hatte ihn nicht mehr mit dem Glas einfangen können. Aber der Eindruck blieb: Sehr stark, vielleicht sogar kapital.

Ungeduldig wartete er auf das Erscheinen des Rudels, immer wieder den Stand der Sonne prüfend, soweit das hinter der Schonung möglich war.

„Endlich!" seufzte er auf. „Sie kommen!"

Am Dickungsrand stand ein Alttier, den Windfang kreisend in den schwachen Luftstrom gereckt. Als nichts Verdächtiges zu wittern war, zog es auf die Gründüngung, gefolgt von den übrigen sieben Stück des Rudels. Die Ricke mit den beiden Kitzen verschwand im Holz, einmal schreckte sie. Es klang nicht ängstlich, sondern verärgert.

Der Hirsch tauchte als Letzter auf. Wolf stemmte beide Ellenbogen auf die Querlatte der Fensteröffnung. Zehner, fast einen Meter lang, unten dicker als mein Handgelenk, keine Krone, Eissprossenzehner. Die Überschlauen würden ihn Ib nennen, nicht vererbungswürdig. Die Natur lenkt anders.

„Es wäre mein bester Hirsch, fast so stark wie der fragwürdige Rumäne. Dreizehn oder vierzehn Pfund. So genau kann man das nicht abschätzen; dazu fehlt mir auch die Erfahrung. Ich könnte ihn an einem der nächsten Abende schießen. Wenn das Rudel nicht vergrämt wird, bleibt es hier bei der prachtvollen Äsung. Ja, ich könnte ihn schießen . . . Und was würde mit den 300 Pfund Wildbret? Soll ich den . . . Kadaver, den ich allein nicht von der Stelle bekomme, für die Sauen und die Füchse liegen lassen?! Pfui Deibel!"

Die Sonne war untergegangen. Es wurde kühl. Wolf fröstelte und schloß den obersten Knopf seiner Jacke. Da ist noch etwas Zweites, grübelte er. Nach dem Abkochen und Bleichen hängt das Geweih in dem dafür viel zu kleinen Jagdhauszimmer. Ich freue mich daran, ja, ich bin selig, aber es kommt niemand, dem ich es voller Stolz zeigen kann, denn ich bin mutterseelenallein auf der Welt.

Da gibt es die alte Geschichte von Kandaules, seiner Gattin Rhodope und dem griechischen Freund Gyges. Schon Herodot hat sie erzählt, und Hebbel benutzte sie, um in quälender Tragik sein Drama zu formen.

Kandaules, der König von Lydien, hat in Rhodope die schönste Frau der Erdenrunde. Nach orientalischer Sitte darf sie sich keinem anderen Mann unverschleiert zeigen. Gyges besitzt nun einen Ring, der ihn unsichtbar macht. Dadurch kommt Kandaules auf den maßlosen Gedanken, der Vertraute solle die Unvergleichliche heimlich beim Bade belauschen, um ihre Makellosigkeit bezeugen zu können. Der Plan wird ausgeführt. Als Gyges, überwältigt von dem Anblick der hüllenlosen Frau, aufstöhnt, bemerkt sie die ihr angetane Schmach.

Nach ihrer Moralauffassung kann das Verbrechen nur mit Blut gesühnt werden. Die beiden, immer noch eng befreundeten Männer müssen auf Leben und Tod kämpfen. Kandaules fällt. Um ihre Ehre wiederherzustellen, führt Gyges die Witwe zum Traualtar. Nach der Zeremonie scheidet Rhodope freiwillig aus dem Leben.

„Eine grausige Geschichte", dachte Wolf, während er immer wieder das Geweih des Hirsches bewunderte. „Gyges soll übrigens gelebt und die Macht in Lydien an sich gerissen haben. Aber das interessiert nur nebenbei. Die Hauptsache ist das Verhalten des Königs. Konnte er nicht zufrieden sein, einen derartigen Schatz zu besitzen? Brauchte er die Bestätigung des Freundes ungeachtet der damit verbundenen Missetat?! Werde ich mit meinem klobigen Zehnergeweih ganz glücklich sein, selbst wenn kein Betrachter seine ein wenig neidische Bewunderung zu erkennen gibt? Schieße ich morgen den Hirsch oder werde ich ihn ‚lebend besitzen'?!"

Hetzlaut erklang. Den Stimmen nach hetzten drei oder vier Hunde ein Wild. Dann hörte man das jammervolle Klagen eines Hasens; es erstarb schnell. Das Leittier warf auf und trat unruhig hin und her. Dann entschied es sich, ins Altholz zu ziehen. Der Hirsch stieß ein Schmaltier, das noch einen Äser voll Grünzeug rupfen wollte, unsanft mit dem Geweih an. „Nicht zurückbleiben!"

„Mit den Hunden wird das ein Problem", dachte Wolf. „Ohne natürliche Feinde werden sie sich explosionsartig vermehren. In zehn oder zwanzig Generationen entwickelt sich sozusagen aus Doggen, Vorstehhunden, Terriern und was es sonst noch gibt, die lebenstüchtigste Einheitsrasse. Was tut der Venator sapiens? Schießt er jeden ihm zu Gesicht kommenden Hund tot, oder pfuscht er der Natur nicht ins Handwerk? Wer leben wird, wird sehen."

Wolf benutzte den Augenblick, in dem kein Wild in der Nähe war, um fortzugehen. Auf dem Weg zum Auto blieb er plötzlich stehen und sagte halblaut vor sich hin: „Das mit dem Kandaules-Komplex ist zweitrangig; damit würde ich fertig werden. Aber den Hirsch verludern lassen . . . nein, ausgeschlossen!"

❀

Am Vormittag des nächsten Tages fuhr Wolf nicht zu seinem angestammten Supermarkt, sondern suchte ein ähnliches Kaufhaus am entgegengesetzten Ende der Stadt, um das dort vorhandene Angebot zu überprüfen. „Wenn die Maus satt ist, schmeckt das Mehl bitter", dachte er ironisch. „Jetzt sollen es schon Delikatessen sein. Aber es ist in der Ordnung. Wenn die Konserven irgendwann verdorben sind, beginnt sowieso die Zeit der kümmerlichen Eigenversorgung."

Da es einen heißen Tag geben würde, ließ er den Wagen mit Dina in einer schattigen Nebenstraße stehen und ging die letzte Strecke zu Fuß. Im dritten Stock des Riesengebäudes waren einige Fenster geöffnet. Wolf stockte und lauschte . . . Eine Mädchenstimme sang: „Es ist ein Ros entsprungen . . ."

Sein Herz begann zu rasen, so sehr, daß es schmerzte, heftiger als der Druck im Kopf, der ihm seit Tagen zu schaffen machte. Wenn da oben jemand sang, gab es ein lebendes Wesen, einen Menschen!

Wolf hastete durch die unverschlossene Schwingtür und die gegenüberliegende Treppe hinauf. Im dritten Stock herrschte beklemmende Stille. Hatte er sich getäuscht? Hörte er schon Laute, die nicht vorhanden waren? Nein, da erklang wieder die Stimme, mochte sie nun einem Sterblichen oder einem Engel gehören: „Und der Hans schleicht umher . . .“ Sie kam aus einem langgestreckten Raum, in dem Puppen aller Größen und der verschiedensten Haut- und Haarfarbe ausgestellt waren. Am Ende der Halle stand eine Art Puppenhaus, dessen Pappwände so niedrig waren, daß sie das in ihm sitzende Mädchen nicht verdeckten. Die schulterlangen Haare waren kastanienbraun. Es trug ein moosgrünes Kleid, dessen Ausschnitt den Hals freigab.

„Bekomm keinen Schreck“, sagte Wolf mit leiser, vor Aufregung rauher Stimme. „Ich bin ein Mensch, du brauchst keine Angst zu haben.“

Das Mädchen sprang auf, beide Arme in einer Geste maßlosen Staunens erhoben. Die braunen Augen starrten auf den urplötzlich Aufgetauchten. Der Mund war kirschrot geschminkt.

„Daß ich nicht mehr allein bin, daß es einen anderen Menschen gibt!“ stammelte Wolf.

„Ich habe es mir so gewünscht“, sagte das Mädchen. „Wie heißt du?“

„Wolf, Nachnamen brauchen wir nicht mehr. Und du?“

„Bettina, aber ich wurde nur ‚Tina‘ genannt.“

Wolf ging langsam auf den Puppenhaus zu. „Bettina von Arnim, Goethe, Briefwechsel mit einem Kinde. Warum hast du so komische Lieder gesungen?“

„Ich singe, was mir gerade einfällt. Dann habe ich keine Angst.“

„Ach so. Wie alt bist du?“

„Ich werde sechzehn. Und du?“

„Viel älter, aber das spielt keine Rolle. Ich . . . du . . .“ Er kniete vor dem Mädchen nieder und umschlang ihre noch kindhaft schlanken Hüften.

Da trat Katrin zu den beiden, Katinka, Kartuschka. Sie stand so hinter Wolf, daß er sie nicht genau sehen konnte, aber er erkannte ihre Stimme sofort. „Stups“, sagte sie und gebrauchte den Kosenamen, den sie damals erfunden hatte. „Stups, Tina ist leicht verletzlich. Du mußt behutsam mit ihr umgehen, damit du sie nicht vergrämst.“ Katrin lächelte, als sie den wunderschönen Ausdruck der Jägersprache verwendete.

Wolf preßte sein Gesicht an das Mädchen. Er weinte vor Glückseligkeit, ohne sich der Tränen zu schämen. „Tina, ich wohne draußen in einem wunderhübschen Jagdhäuschen. Du kommst mit, wir beide . . .“

„Vorsicht!“ warnte Katrin. Ihr mohrrübenrotes Haar war dicht über den grünen Katzenaugen abgeschnitten. „Du darfst sie nur mitnehmen, wenn du sie ganz langsam an dich gewöhnst.“

„Ich soll mitkommen . . .“, sagte Tina gedehnt. „Das würde ich gern. Aber Harro wird es nicht erlauben.“

„Wer ist Harro?“ fragte Wolf.

„Ein ekliger Bengel. Er wohnt drüben bei den Computern. Mit Gewalt muß ich mich gegen ihn wehren; aber ich habe mein Messer!“ Tina zeigte auf ihren Ledergürtel, an dem ein in der Scheide steckendes Messer zu erkennen war. „Da kommt er schon!“

Harro war nicht sehr groß, aber breitschultrig. Er mochte zwanzig Jahre alt sein. In wiegendem Gang kam er näher. „He!“ knurrte er. „Du willst sie mir wegnehmen? Ich schlage dich tot!“ Mit einem kurzen Knüppel schlug er auf Wolfs Kopf. „Wirf dich auf ihn!“ schrie Katrin.

Wolf umklammerte den Angreifer und brachte ihn zu Fall. „Du, wenn ich mir jetzt Tinas Messer geben lassen würde, könnte ich dich abfangen wie ein von den Hunden gedecktes Stück Wild. Schwöre, daß du uns, ohne Schwierigkeiten zu machen, gehen läßt. Schwöre, oder . . .“

„Ich schwöre“, stammelte Harro.

„Liegen Sie still“, sagte Katrin. „Der neue Verband ist gleich fertig. Die Wunde heilt prima.“

„Warum sagt sie plötzlich ‚Sie‘?“, dachte Wolf. Er fühlte, wie etwas Weiches seinen Schädel kühlte. „Das tut gut“, sagte er.

Katrin sagte: „Aufwachen, Herr Rastein! Endlich . . .“

Wolf erkannte seine Umgebung. „Ach so, Krankenhaus.“ Die Schwester hatte ihre Arbeit beendet. Ihr Haar leuchtete brandrot, und hundert Sommersprossen befanden sich rund um die ein wenig nach oben gereckte Nase. „Sie heißen Katrin“, sagte Wolf zu ihr und zu der jüngeren Helferin: „Und Sie sind Bettina oder Tina.“

Die beiden lachten. „Das haben Sie nur geträumt.“ Die Jüngere sagte: „Ich bin Schwester Sabine, und das ist Schwester Agnes.“

„‚Agnes‘“, wiederholte Wolf. „Es ist Griechisch und heißt ‚Lämmchen‘. Das paßt überhaupt nicht. Darf ich weiter ‚Schwester Katrin‘ sagen ?“

„Gern, wenn Sie uns sonst keinen Kummer machen.“

„Was ist passiert? Wie bin ich hierher gekommen?“

„Sie haben einen Autounfall gehabt. Ein kleines Reh ist vor Ihren Wagen gelaufen. Wahrscheinlich haben Sie ausweichen wollen und sind an einem dicken Baum gelandet.“

„Wie lange liege ich schon hier?“

„Morgen wird es eine Woche. Aber jetzt haben Sie für das erste Mal genug geredet.“

„Wie geht es meinem Hund, der Dina!“

„Schon zweimal ist eine ältere Dame gekommen, um sich nach Ihrem Befinden zu erkundigen. Ich glaube, es ist Ihre Wirtschafterin oder Hausdame . . .“

„Mit einem Kapotthut-Gesicht, aber ohne diese Kopfbedeckung?“

Die Schwestern lachten; anscheinend waren sie gern vergnügt. „Ja, so sieht sie aus. Sie meinte, daß sich Ihr Hund schrecklich nach Ihnen bangt und ob sie ihn später einmal mitbringen dürfe. Aber das geht natürlich nicht.“

„Gott sei dank, daß Dina nicht zu Schaden gekommen ist. Jetzt habe ich eigentlich nur noch eine Bitte, nein, zwei.“

„Und das wäre?“

„Ich möchte etwas essen. Ich habe Hunger.“

„Das ist das beste Zeichen, daß es bergauf geht. Und der andere Wunsch?“

„Bei Dina nenne ich es ‚Schön-pfuichen-Machen‘. Ich weiß nicht, ob Sie es verstehen?“

„Natürlich, darin sind wir ausgebildete Fachkräfte.“

„Wenn sie lacht“, dachte Wolf, „hat sie nicht nur hundert Sommersprossen, sondern noch ein Dutzend mehr.“